Trump, Musk
La nouvelle Amérique

La collection *Le 1 en livre*
est dirigée par Éric Fottorino

Responsables éditoriales :
Iman Ahmed et Manon Viard

Ces textes ont pour partie été publiés dans *Le 1*
et dans *Le 1 des écrivains*, et revus en janvier 2025.
www.le1hebdo.fr

www.editionsdelaube.com

ISBN 978-2-8159-6628-3

Trump, Musk
La nouvelle Amérique

avec les contributions de
David Chavalarias, Sylvain Cypel,
Patrick Declerck, Nicole Gnesotto,
Seth Greenland, Aurélie Jean,
Olivier Lascar, Raphaël LLorca,
George Packer, Antoinette Rouvroy,
Yannick Rumpala, Thomas Snégaroff,
Robert Solé, Jean Viard

éditions de l'aube

L'HEBDOMADAIRE *Le 1*

FONDÉ EN AVRIL 2014 par Éric Fottorino, Laurent Greilsamer, Henry Hermand et Natalie Thiriez, *Le 1* est un hebdomadaire innovant et atypique. Journal d'enquêtes et d'idées, indépendant, sans publicité, il rassemble chaque semaine des écrivains, des artistes, des journalistes et des chercheurs de toutes disciplines pour éclairer un seul grand thème lié à l'actualité comme aux bouleversements de notre époque. Sa mission : décrypter le siècle, s'engager dans les combats citoyens qui agitent nos sociétés pour les rendre meilleures.

Publié sur une seule grande feuille de papier pliée en trois, *Le 1* paraît chaque mercredi en kiosque et dans plus de 200 librairies. On peut aussi s'abonner via son site, www.le1hebdo.fr.

Avant-propos

Éric Fottorino

Dans notre époque d'images qui frappent et font le tour de monde, un monde démultiplié sur des milliards d'écrans, l'une des plus marquantes est celle qui associe la figure du revenant à la Maison Blanche, pour le pire déjà prévisible davantage que pour un meilleur hypothétique, et le visage du grand patron de la Tech et milliardaire nourri de science-fiction qui a fait de l'influence politique, sinon du pouvoir, son nouvel objectif. Lors de sa seconde investiture le 21 janvier 2025, Donald Trump était encadré par trois des quatre hommes les plus riches des États-Unis, à savoir Elon Musk, le patron d'Amazon Jeff Bezos et celui de Facebook Mark Zuckerberg. Une cérémonie marquée aussi par une autre image saisissante, celle du patron de Tesla effectuant un geste interprété par nombre d'historiens comme un salut nazi.

Le nouveau volume qui entre dans notre collection « Le 1 en livres » est composé de textes issus d'une sélection de numéros du *1 hebdo* publiés depuis 2015. Il nous est apparu utile et même nécessaire de chercher le sens de ce rapprochement qui a pu sembler contre nature entre Trump et Musk – la tentation est grande d'écrire Trumsk… Au complexe militaro-industriel s'est substitué d'une certaine manière un complexe politico-technologique. Ce nouvel alliage, dont on ne peut augurer de la solidité ni de la pérennité, est le fruit d'un double retournement : celui des républicains et celui de la Tech.

Que peut-il y avoir de commun entre d'un côté un milliardaire du « vieux monde » enrichi dans l'immobilier, connu pour ses faillites retentissantes et ses coups bas dans le monde des affaires, avant de devenir le champion des républicains puis d'une Amérique en mal de puissance et d'autorité, et de l'autre côté un milliardaire du « nouveau monde » qui a fait partager à l'Amérique puis au reste du monde ses rêves de progrès technologique à travers des investissements et des projets porteurs d'utopie, de fascination, mais aussi d'inquiétude : Starlink, SpaceX, le voyage sur Mars, Tesla, Neuralink ou encore cette nouvelle frontière de l'humain qu'est le transhumanisme ?

Factuellement, la première rencontre publique entre Elon Musk et Donald Trump a eu lieu après l'élection de 2016. Avec d'autres dirigeants d'entreprises majeures, et en sa qualité de PDG de Tesla et de SpaceX, Musk est alors invité par Trump à participer à une réunion à la Trump Tower en décembre 2016, pour constituer un groupe de conseillers d'élite, le Business Advisory Council. Mais en juin 2017, après l'annonce par Trump de son retrait de l'accord de Paris, Elon Musk démissionne de l'éphémère conseil.

Il estime que le réchauffement climatique est le plus grand défi pour l'humanité, avec l'IA. Et que la décision du Président va contre ses intérêts économiques, lui qui mise sur la voiture électrique contre l'énergie fossile. Mais malgré leurs désaccords, Trump apportera régulièrement son soutien à Tesla et surtout à SpaceX.

Quant au rapprochement proprement politique des deux hommes, il sera progressif. D'abord, vers la fin du mandat présidentiel de Trump, se dessine un rapprochement sur la politique économique et industrielle. Lors de la pandémie de covid en 2020, les deux hommes ont convergé lorsque Trump a par exemple soutenu la réouverture par Elon Musk de l'usine Tesla de Fremont, en défi aux restrictions sanitaires imposées par les autorités locales.

Si pendant la campagne électorale de 2020, Musk n'a pas financé Trump, il a largement désavoué Biden, finissant même par annoncer qu'il voterait Trump, en raison de sa politique de protectionnisme économique.

À partir de 2022 s'ébauche et se conforte ensuite un rapprochement idéologique. Elon Musk rachète Twitter en octobre pour 44 milliards de dollars, point de départ d'un processus au terme duquel le compte de Trump sur le réseau sera réactivé (il en avait été exclu après les événements du 6 janvier 2021 au Capitole). Avec le temps, Musk endosse officiellement des positions de plus en plus conservatrices et proches de celles de Trump, en particulier sur la régulation des technologies, la liberté d'expression, la question des transgenres et du « wokisme »… Leurs profils aussi se rapprochent : une posture anti-*establishment*, un art de la provocation, le goût ostensible de repousser les limites…

L'avenir de cette relation est sans doute grevé par des sujets potentiels de discorde, principalement sur l'immigration dès lors que Musk soutient une politique migratoire plus ouverte pour recruter des talents étrangers dans la Tech. Et sur l'IA, le projet Stargate présenté dès son investiture par Trump ayant essuyé les plus vives critiques de son nouvel allié.

Mais l'essentiel n'est pas là. Il est dans cette question qui court sur toutes les lèvres : de quels dangers pour la démocratie et pour la paix du monde sont porteurs ces deux hommes imbus de puissance et d'orgueil, que rien ne semble pouvoir arrêter dans leurs ambitions les plus folles ?

Éric Fottorino,
avec Maxence Collin

I
Trump sans Musk

Mister President

3 mai 2016[1]

[Brushing]

On a trop parlé de la chevelure de Donald Trump. Beaucoup trop. Ne comptez pas sur moi pour en rajouter. Nous sommes ici pour traiter des vrais problèmes, non pour flatter les envieux dans le sens du poil.

Qu'a-t-elle de si scandaleux cette fameuse mèche de cheveux ? Que je sache, aucun article de loi n'interdit d'alterner, selon les jours, le jaune canari et l'orange écureuil. Si la raie est très basse, c'est pour grossir le toupet. Placée à gauche, elle permet de rabattre celui-ci à droite, et même à l'extrême droite.

On a soupçonné Donald de porter perruque. Pour mettre fin à cette rumeur communiste, il aurait pu se soumettre au détecteur de mensonge. Mais il a eu le courage d'aller plus loin en invitant une auditrice à monter sur scène et à tirer sur ses cheveux. Nulle moumoute n'est restée dans la main de la dame. « Oui, je crois

1. *Le 1* n° 105, « Trump, c'est aussi l'Amérique ».

qu'ils sont vrais », a-t-elle murmuré dans le micro. « Elle n'a pas tiré assez fort ! » s'est écrié le chœur des scalpeurs.

Ils réclament un test plus concluant, pour attaquer le problème à la racine. « Vous pouvez aller vous brosser ! » aurait dit le candidat, avec ce langage délicat qui le caractérise.

Pourquoi lui cherche-t-on des poux dans la tête ? Fallait-il qu'il ait la boule à zéro ? Une queue de cheval ? Des frisettes ? Un bonnet d'âne pour cacher une si belle tignasse ?

Arrêtons de couper les cheveux en quatre. Les primaires républicaines ne sauraient se réduire à une énigme capillaire. Ce qui compte, ce ne sont pas les tifs d'un candidat, mais ce qu'il a dans la cafetière. De grâce, parlons d'autre chose !

Robert Solé
Né au Caire où il a vécu jusqu'à l'âge de 17 ans, avant de gagner la France en 1964, l'ancien journaliste au *Monde* a consacré de nombreux livres à son pays et sa ville d'origine. Il est notamment l'auteur d'un *Dictionnaire amoureux de l'Égypte* (Plon, 2001) et d'une biographie de Sadate (Perrin, 2013). Son dernier roman, *Hôtel Mahrajane*, a paru au Seuil en 2015.

Le président imprévisible

18 janvier 2017[1]

Dès 1973, le nom de Donald Trump fait la une du New York Times. *Avec ce titre : « Un important propriétaire immobilier est accusé de partialité contre les Noirs. » Scandales, outrances, faillites, démentis cinglants : ainsi commence la vie publique du nouveau président américain. Dans un portrait fouillé, Sylvain Cypel, spécialiste des États-Unis, dresse le profil psychologique, moral et politique de ce milliardaire mégalomane saisi par la fièvre*

1. *Le 1* n° 138, « Donald à la Maison-Blanche ? ».

du pouvoir. Une vivante confirmation de la citation célèbre du grand écrivain Mark Twain qui conseillait afin de réussir en Amérique la recette suivante : « Beaucoup d'ignorance et beaucoup de confiance en soi. » Sylvain Cypel décrit le président comme « un briseur de codes fasciné par le culte de l'homme fort ». Formé par Roy Cohn, un avocat qui fit la chasse aux « communistes » aux côtés du sénateur d'extrême droite Joseph McCarthy, Trump avance tel un bulldozer. Plus amoral qu'immoral. Pour lui, écrit son portraitiste, « se conformer à la loi, c'est trouver sa faille ». Chez Trump, pas d'affect. Des chiffres. Voilà pourquoi l'une de ses phrases préférées est tirée du Parrain*:* « It's not personal, it's just business. »

« Je n'ai jamais constaté le moindre cas où, sous la pression, Trump choisit la modération. Au contraire. Il contre-attaque, provoque, argumente. L'homme ne sera pas différent s'il est élu président. » Ainsi s'exprimait sur la chaîne CNN l'auteur Michael D'Antonio trois mois avant l'élection de Donal Trump, auquel il a consacré deux ouvrages biographiques. Selon lui, l'approche spontanée du magnat, en situation de conflit, est systématiquement celle de la « rétorsion disproportionnée ». Dès qu'un antagonisme se fait jour, il revendique toujours la posture de l'agressé. Ensuite, sa réaction est volontairement sans proportion avec le coup supposément subi. En d'autres termes, il se conduit comme Don Corleone, le parrain du best-seller de Mario Puzo. Si l'interlocuteur ne se soumet pas, il tranche la tête de sa meilleure pouliche et la place encore sanguinolente dans son lit. Trump « part du principe que la disproportion est normale ».

« Je pense sincèrement que si Trump l'emporte et peut actionner les codes nucléaires, il existe une forte possibilité que cela entraîne la fin de la civilisation. » Ce verdict-là, c'est Tony Schwartz qui l'a énoncé. Schwartz fut le « nègre » de l'ouvrage le plus célèbre de Trump, *The Art of the Deal* (« L'art des affaires »[1]). Pour

1. Voir note 1, p. 28.

rédiger ce livre paru en 1987, il a passé dix-huit mois dans une grande proximité avec son sujet. Interrogé fin juillet par la célèbre enquêtrice du *New Yorker* Jane Mayer, il brosse de Trump un portrait aussi terrifiant que celui de son biographe, évoquant un homme pour qui « le mensonge est une seconde nature ».

Schwartz dit aujourd'hui de ce livre : « J'ai mis du rouge à lèvres sur le groin d'un porc. » Traduction : il a, à l'époque, enjolivé un personnage qui, au fond, le révulsait. Il avait reçu une avance sur recette d'un demi-million de dollars. Mais lorsqu'il rentrait chez lui, après avoir passé la journée à suivre son commanditaire, il confiait à sa femme : « Ce type est un trou noir vivant. » Le livre fini, Schwartz dit avoir ressenti « un vide qui vous ronge de l'intérieur ». Il refusera d'écrire la « suite » que Trump lui demandait.

Un homme brutal, menteur, amoral, doublé d'une énigme – un « trou noir ». On dira qu'on force le trait. Pourtant, ces témoignages sont ceux de deux des très rares personnes indépendantes qui ont eu la possibilité d'approcher le magnat de très près sur de longues périodes. Et le rédacteur de ces lignes doit admettre que plus il s'est plongé dans la documentation accessible, plus se renforçait chez lui la conviction que ce ne sont pas seulement les opinions professées par Trump qui révulsent, mais sa personnalité qui sidère.

Comment réussir en Amérique ? s'interrogeait l'écrivain Mark Twain en son temps. Sa recette – « beaucoup d'ignorance et beaucoup de confiance en soi » –, Trump l'incarne jusqu'à la caricature. Son ignorance du monde est abyssale et son narcissisme gargantuesque. En 1984, il explique au *Washington Post* qu'il saurait mieux que quiconque négocier les enjeux nucléaires avec l'URSS : « Ça me prendrait une heure et demie pour apprendre tout ce qu'il y a à savoir sur les missiles. De toute façon, je sais l'essentiel. » Peu importe la connaissance, lui saisit le monde par instinct. D'autant que, selon nombre de témoignages, il ne lit pas de livres. Et « il lui est impossible de garder son attention plus de quelques minutes sur quelque sujet que ce soit, hormis l'agrandissement de son propre ego. Et même ça n'est pas acquis », note Schwartz. Il n'a pas encore pris ses fonctions présidentielles qu'il annonce, contrairement à l'usage, qu'il n'entend pas commencer chaque journée par l'écoute du briefing des services de renseignement. Il n'a pas été élu pour s'ennuyer.

Pour cerner l'homme, le mieux est peut-être de commencer par le commencement. D'origine allemande, son grand-père fera son chemin à la fin du XIXe siècle dans la gestion de saloons et de maisons closes, en particulier dans le Yukon canadien et en Alaska. Son père, Fred, fera fortune à New York dans l'immobilier (déjà). Donald passe son adolescence dans une école militaire. Puis il étudie à Wharton, l'importante école de commerce de l'université de Pennsylvanie. Entré dans la vie active par un échec révélateur de son attrait pour le monde du spectacle – la comédie musicale qu'il a produite à Broadway s'arrête rapidement –, il poursuit bientôt les deux traditions familiales : l'immobilier et les casinos, modernes cousins des saloons d'antan.

Quand en 1971, à l'âge de 25 ans, « le Donald », comme le surnomment les Américains, prend la tête de l'entreprise familiale, il est un héritier fortuné. Son père dispose d'un patrimoine de 200 millions de dollars, l'équivalent de 1,23 milliard de dollars actuels. Son premier coup consistera à bâtir à New York un gratte-ciel de 58 étages pour lequel il a négocié avec le maire, Ed Koch, des conditions favorables hors normes. Qu'il le nomme Trump Tower n'est qu'un début. Narcisse boulimique, Trump donnera toute sa vie son nom à ses réalisations pour en faire une marque. Sous sa férule, l'entreprise paternelle devient « The Trump Organization ». Lorsqu'il acquiert une société de transport aérien, il l'appelle Trump Shuttle ; un yacht privé, c'est le *Trump Princess*.

Bientôt, il dépose son nom comme marque commerciale. Ses revenus augmentent à mesure que se multiplient les lieux – hôtels, golfs, etc. – dont les propriétaires usent de son patronyme contre paiement. La marque se décline aussi sur des alcools, des parfums, des matelas…

Son gendre Jared Kushner lui verse encore une redevance pour un complexe immobilier qu'il a lancé à Jersey City. Trump n'y a pas mis un sou, mais a autorisé Kushner à le baptiser Trump Bay Street.

Trump, écrit D'Antonio, est « le maître de l'autopromotion ». Il incarne pour son biographe la *Me Generation*, la « génération Ma Pomme ». D'où sa fascination pour les médias et un indéniable talent pour s'y mouvoir et les soumettre. Il n'est pas le seul, mais personne n'a su comme lui les utiliser pour mieux les vilipender. Il n'a pas seulement conçu, produit et animé une émission de téléréalité à succès durant quatorze saisons ; chaque matin, il démarre sa journée en lisant un rapport sur le nombre de fois où son nom a été cité dans les médias.

Sa notoriété, pourtant, avait commencé sous de douteux auspices. En 1973, pour la première fois, son nom apparaît à la une du *New York Times*. Titre de l'article : « Un important propriétaire immobilier est accusé de partialité contre les Noirs ». La justice le poursuit pour avoir ordonné que les Africains-Américains soient exclus de l'acquisition des appartements qu'il construit. Selon son principe, Trump « contre-attaque, argumente, provoque ». Il se proclame victime de « racisme anti-Blanc » et exige 100 millions de dommages et intérêts pour propagation de fausses informations. Finalement, une fois le scandale éloigné, il passera un accord avec la justice et promettra de modifier sa politique immobilière pour éviter un procès. Cette attitude – brasser du vent, hurler au complot, avant de se replier une fois les lumières éteintes – sera l'une des marques de sa vie professionnelle. Comme resurgiront, de façon récurrente, les accusations de racisme et de machisme.

En 1984, il a suffisamment développé sa société pour se lancer dans un vaste projet : le développement d'hôtels-casinos à Atlantic City. À 200 kilomètres de New York, la ville est à Big Apple ce que Las Vegas est à Los Angeles : Sodome et Gomorrhe dans son arrière-cour. Trump y bâtira l'essentiel de sa fortune. Son hôtel-casino Taj Mahal, construit pour plus d'un milliard de dollars gagé aux deux tiers sur des obligations pourries, sera ouvert en 1990 et fera banqueroute un an plus tard. Des faillites, Trump en connaîtra six entre 1991 et 2009, toutes occasionnées par ses casinos. Chaque fois, il renégocie avec ses banquiers et ses investisseurs, qui préfèrent un arrangement à un effondrement. N'ayant mis que peu d'argent de sa poche, lui-même ne sera jamais mis en faillite personnelle. En 2011, il explique à *Newsweek*: « Je joue avec les lois sur les faillites. Elles sont bonnes pour moi. »

Cet aplomb, le Donald l'a acquis auprès de celui qui fut son véritable mentor dans les affaires et la politique. Il se nomme Roy Cohn. Dès les années 1940, il est l'avocat de son père Fred. Juriste en vue, Cohn défend aussi les intérêts de grands parrains – il sera l'avocat de John Gotti, le futur *capo* des Gambino, la plus importante famille de la mafia new-yorkaise. Au début des années 1950, Cohn met ses talents au service de Joseph McCarthy, ce sénateur d'extrême droite qui a lancé une immense chasse aux sorcières dans les milieux artistiques et intellectuels progressistes américains. C'est Cohn qui mena, pour McCarthy, l'interrogatoire de David Greenglass et l'amena à incriminer sa sœur, Ethel Rosenberg, d'espionnage au profit de l'URSS. Celle-ci, comme son mari Julius, fut condamnée à mort et exécutée. Greenglass, entre-temps, s'était rétracté. Mais son témoignage fut néanmoins validé par la cour. Pour l'amener à signer son « aveu », Roy Cohn avait usé d'intimidations inouïes.

C'est « sur les genoux de Cohn, le maître de la politique de la destruction personnelle » de l'adversaire, écrit Mark Danner dans la *New York Review of Books*, que Trump a débuté dans la vie active. Avec Cohn, le décor du parcours du Donald est planté. On y trouve la proximité avec les milieux interlopes, l'atmosphère politique fascisante et l'absence de scrupules comme arme de destruction massive. Cohn, homosexuel caché, mourra du sida en 1986. Trump avait coupé tout lien avec lui quand la maladie était apparue.

« Donald pisse de la glace », dira son vieux mentor. C'est pourtant sous sa coupe qu'il avait commencé d'incarner les outrances qui accompagneront le dynamisme spéculatif du capitalisme financier triomphant, celui qui fait de l'enrichissement personnel la valeur suprême et rabaisse la droiture au rang d'instrument de propagande. Lorsqu'on fera remarquer au candidat Trump qu'il entend expulser onze millions et demi de sans-papiers alors qu'il en a utilisé à foison sur ses chantiers de construction, il commencera par nier les faits puis rétorquera, en substance : Et pourquoi m'en serais-je privé ? Est-ce ma faute, si la loi est mal faite et si le marché du travail me l'a permis ? De même, soupçonné d'avoir trouvé un biais légal pour ne pas payer d'impôts durant dix-huit ans, il s'étonne : son rôle de capitaliste ne consiste-t-il pas à s'enrichir ?

Trump et ses sociétés ont été impliquées dans 3 500 affaires judiciaires en trente ans, a recensé le quotidien *USA Today*. Recourant à une armada d'avocats, l'homme d'affaires est procédurier à l'extrême. Ayant acquis une propriété à Mar-a-Lago, en Floride, il engage immédiatement trois actions contre l'aéroport voisin. Le bruit des avions le perturbe. Il cesse les poursuites quand le comté lui propose un lot voisin de 87 hectares où il pourra aménager un golf luxueux.

Il est, aussi, peu regardant sur les moyens de s'enrichir. De 2005 à 2010, le Trump Entrepreneur Institute fera payer de 1500 à 35000 dollars des formations en gestion de biens immobiliers. Les cours sont bidon. En 2013, l'État de New York l'attaque pour fraude. Deux plaintes en nom collectif sont déposées contre lui. Comme d'habitude, il nie, provoque, contre-attaque. Le juge se nomme Gonzalo Curiel. Immédiatement, Trump l'accuse de partialité, vu son origine mexicaine. Comme souvent, l'affaire se clôt (dix jours après son élection) par un compromis classique : il versera 25 millions aux plaignants, lesquels assurent en contrepartie que Trump n'a commis aucune fraude…

On entre là dans un domaine que ses biographes décrivent à foison : Trump n'est pas immoral, il est amoral. S'il trouve une faille dans la loi, il s'y engouffre en toute bonne conscience. Businessman, son but est de gagner de l'argent. Pour quel motif s'imposerait-il des limites ? En Amérique, ce discours ressort du domaine courant des affaires. Après la crise financière de 2008-2010, chaque fois qu'un grand patron, celui de Goldman Sachs, d'Apple ou un autre, a été « cuisiné » par une commission du Congrès, tous, flanqués de leurs avocats, ont systématiquement répondu : « Je n'ai jamais enfreint la loi. » Vrai ! L'activité des 35 000 lobbyistes enregistrés au Congrès consiste en grande partie à ouvrir des failles et faire inscrire des exceptions dans les lois votées par les parlementaires.

Trump, au fond, a toujours suivi ce précepte : se conformer à la loi, c'est trouver sa faille. C'est commun dans son milieu. Mais contrairement aux autres, il l'a fait en s'en vantant. Est-il plus amoral que tous ces banquiers qui, durant la crise, ont vendu à leurs clients les produits financiers dont eux-mêmes se débarrassaient, sachant que leur cours allait s'effondrer ?

Ou qu'Apple, champion de l'optimisation fiscale, aux gains faramineux, qui ne paie quasiment pas d'impôts ? Il ne le croit pas. Il croit qu'ils ont bien raison, et lui aussi. Il joue à un jeu où le plus fort ou le plus malin l'emporte, et il est sûr d'être plus malin que les autres. La preuve ? Il gagne souvent.

L'une de ses phrases préférées est tirée du *Parrain* : « *It's not personal, it's just business.* » Dans le roman, elle est prononcée par un ami historique du parrain qui vient de le trahir pour se vendre au clan adverse. Rien de personnel, c'était juste pour le business. Manière de dire que le business ne connaît ni affect ni morale. D'ailleurs, il faudrait être idiot pour croire sur parole chaque mot que Trump prononce : ses propos n'engagent que ceux qui y croient. En campagne, il promet de lutter contre les financiers et managers de *hedge funds*, « ces gars qui font du pognon facile et s'en sortent toujours ». Élu, il s'entoure à la Maison Blanche de personnes issues des milieux de la spéculation et nomme au Trésor un ancien de Goldman Sachs. Des remarques ?

De là un rapport purement utilitariste à la politique. Comme il a vu son père et Roy Cohn le faire, il achète le personnel dont il a besoin. Quand il lance le chantier de sa Trump Tower, un cadre municipal lui refuse une réduction d'impôts. Il le menace. La déduction est finalement accordée. Le fonctionnaire sera remercié par son embauche quelques années plus tard dans l'empire Trump, raconte un autre de ses biographes, Wayne Barrett.

Trump a été tour à tour républicain, démocrate ou indépendant. Et il a donné de l'argent à tous, en particulier à une certaine… Hillary Clinton, lorsqu'elle se présentait au Sénat, en 2000. Interrogé sur le sujet lors du débat du 6 août 2015, il répond : « Je donne à tout le monde. Et devinez quoi ? Quand j'ai besoin de quelque chose deux ou trois ans après, je les appelle. Et ils sont là pour moi. » Chacun connaît cette pratique aux États-Unis. La différence, c'est que lui l'assume sans fard.

À son impudence revendiquée s'ajoutent quelques traits de caractère très personnels. D'abord, l'attrait pour le clinquant.

« La classe, mais façon Marbella » – la station balnéaire andalouse ultrabranchée –, se moque le chroniqueur américain Michael Tomasky. Ensuite, la jouissance dans le conflit. Le 20 février 2016, après avoir remporté l'élection primaire en Caroline du Sud, il s'écrie : « C'est dur, c'est sale, c'est méchant, c'est vicieux. C'est magnifique ! » Enfin, il est binaire jusqu'à l'excès. Le monde se divise à ses yeux en deux : « Soit vous êtes un salaud de perdant, un menteur, etc., soit vous êtes le plus grand », note son premier biographe D'Antonio. Le mur qu'il fera construire le long de la frontière mexicaine sera « beau et impénétrable », la couverture maladie qui remplacera celle instaurée par Obama coûtera seulement « une fraction » du prix précédent, et lui ne fera pas que bombarder Daech, il bombardera « cette merde de Daech ».

Quant à son rapport à la vérité, Trump lui-même l'a défini dans *The Art of the Deal* : « Je joue sur les fantasmes des gens. Eux-mêmes ne peuvent pas toujours penser en grand, mais ils peuvent être très attirés par ceux qui le font. C'est pourquoi une petite hyperbole ne peut pas faire de mal. Les gens veulent croire en ce qui est le plus gros, le plus grand, le plus spectaculaire qui soit. J'appelle cela l'hyperbole véridique. C'est une forme très innocente d'exagération. Et très efficace de promotion. » Schwartz, le vrai rédacteur de l'ouvrage, dit aujourd'hui qu'il a écrit ce passage pour adoucir le thème du mensonge. Cette phrase, ajoute-t-il, est « une tromperie. L'hyperbole véridique est une contradiction dans les termes ». Mais Trump, dit-il, avait « adoré l'expression ». Car il est un personnage en constante représentation, dans une forme de tromperie réfléchie. Il a joué un rôle phare dans le mouvement des Birthers, qui accusait Obama de ne pas être né aux États-Unis. Une fois ce mensonge éventé, il a argué n'avoir fait que reprendre une accusation énoncée par Hillary Clinton en 2008. Qu'il s'agisse d'un nouveau mensonge ne l'émeut pas plus que le précédent. « Rien de personnel, c'est juste du business. »

Dès lors, la vérité laisse place à une hyperbole où l'opinion fait office de fait. Quand il s'avère que Hillary Clinton a obtenu 2,8 millions de voix de plus que lui lors de l'élection présidentielle, il rétorque que c'est parce que « 3 millions de personnes ont illégalement voté en sa faveur ». Il n'avance aucune preuve, il affirme et cela suffit. Finalement, Trump trouvera une autre parade. Il prétendra qu'il aurait parfaitement pu remporter le suffrage universel s'il l'avait seulement souhaité. Il n'aurait eu qu'« à mener sa campagne différemment ».

À l'heure de la post-vérité, faits et analyses complexes ont du mal à se frayer une place face aux réseaux sociaux où toutes les opinions se valent. Le mensonge n'existe plus, puisque chacun construit « sa » vérité. Lorsque douze femmes accusent Trump d'agressions sexuelles, il réplique que Hillary Clinton a rencontré secrètement des banquiers internationaux, qui sont ses amis proches et ses donateurs, pour planifier la destruction de la souveraineté américaine. L'hyperbole véridique est à l'œuvre.

En conséquence, il assimile les journalistes à l'incarnation du « politiquement correct » qu'il abhorre. Le politiquement correct, c'est ce qui interdirait à l'homme libre d'énoncer des idées xénophobes ou misogynes, de nier les évidences ou de défendre le droit de chacun à s'enrichir comme bon lui semble. Lorsque les journalistes listent ses mensonges, il accuse leur travail d'être « biaisé ». Lorsqu'ils le placent devant l'évidence du mensonge, il rétorque qu'ils ont « intentionnellement mal interprété ses propos ».

Enfin, et peut-être surtout, Trump apparaît comme un briseur de codes fasciné par le culte de l'homme fort. George Bush niait que le supplice de la baignoire soit une torture. Trump admet qu'il s'agit bien d'une torture, et ajoute que, lui, il est pour. Cet iconoclaste libère les passions négatives. Le racisme, la xénophobie, la misogynie comme l'agression sexuelle ou la fraude fiscale échappent brutalement à l'interdit social et moral. Mieux : en les disculpant, il les valorise.

Quant au culte du chef… Durant sa campagne, il a publié un ouvrage intitulé *Pourquoi nous avons besoin d'un chef, pas d'un politicien.* Le chroniqueur Tomasky résume ainsi sa pensée : « Je conclus sans arrêt de gros marchés avec les acteurs les plus coriaces de la haute finance. Ces gens sont d'abominables tueurs en col blanc, brutaux, le genre de personnes qui laissent du sang partout sur la table du conseil d'administration et se battent jusqu'au bout pour maximiser leurs gains. Et devinez quoi ? Voilà exactement le genre de négociateurs dont les États-Unis ont besoin, à la place des mauviettes de diplomates qu'Obama envoie partout dans le monde faire mumuse avec les gouvernements étrangers. » Bref, à ces mous de diplomates, Trump préfère les « durs », si possible galonnés. Eux sauront s'y prendre avec tous les méchants qu'affronte l'Amérique. « Ses partisans, écrit Tomasky, ont très envie d'un chef qui les rende capables de dompter l'OPEP, la Chine et l'Iran, comme si les relations internationales se géraient à la manière d'une téléréalité. »

Ainsi va l'homme qui, le 20 janvier, occupera le Bureau ovale, définira les nouvelles options des États-Unis et nommera quatre mille nouvelles têtes au sommet de l'État. Ses premières désignations donnent un aperçu de ce qu'il entend réaliser. Jamais une administration américaine n'a inclus autant de figures de la droite extrême. Objectif : frapper fort et vite pour renverser le cours pris sous Obama. Abolir sa réforme de l'assurance santé, déréguler de nouveau la finance, accroître les expulsions d'immigrés, extraire les États-Unis des accords de lutte contre le réchauffement climatique, restaurer la relation avec Vladimir Poutine, abolir les effets de l'accord nucléaire avec l'Iran et soutenir la droite coloniale israélienne figurent parmi ses priorités.

Tournant radical et pérenne ou régression temporaire ? Beaucoup d'Américains s'inquiètent des dégâts que l'administration Trump occasionnera pour leur pays et dans le monde. D'autres voient dans le fait que Trump est le président le plus âgé de l'histoire américaine une parabole d'un phénomène fondamental : une victoire conjoncturelle qui n'est qu'un chant du cygne de la vieille Amérique apeurée face à l'Amérique mondialisée émergente. « L'avènement de Trump est un désastre, sur le plan interne et externe. Mais il s'agit d'un recul conjoncturel qui ne remettra pas en cause la voie vers une plus grande diversité et mixité dans laquelle s'est engagée l'Amérique », pronostique le sociologue de Harvard Orlando Patterson.

Ses adversaires évoquent d'ores et déjà la possibilité d'un *impeachment*, cette procédure de destitution du président qui amena Richard Nixon à démissionner, en août 1974, par peur d'en être la cible. Même si le processus est long et compliqué, les motifs, selon eux, ne manqueront pas, surtout ceux liés aux risques de conflit d'intérêts entre la fonction et les affaires privées du Donald. À ce jour, il récuse l'installation d'un organisme indépendant de gestion d'actifs (un *blind trust*) et souhaite confier à ses enfants la garde de ses avoirs, une position qu'il ne pourra tenir longtemps sans risque.

Dans la mouvance anti-Trump, la Californie mène la résistance. Ses autorités et la société civile ont commencé à se mobiliser pour protéger les immigrés. Symboliquement, un mouvement « sécessionniste » s'organise. Parmi ses partisans, une idée germe. Se retirer des États-Unis pour associer la Californie aux autres États côtiers, l'Oregon et l'État de Washington, ainsi qu'au… Canada, et former une nouvelle union. Ainsi se retrouveraient ensemble des populations très largement ouvertes à la venue des immigrés, aux évolutions sociétales contemporaines (droit à l'avortement, mariage gay ou législation stricte sur le port d'armes), mais aussi à l'instauration d'une assurance santé universelle. À eux quatre, ces États-là détiendraient l'équivalent de 37 % du PIB américain, soit une fois et demie la taille de l'économie allemande. Ils constitueraient la troisième puissance économique mondiale, à égalité avec le Japon.

Ce nouvel État américain tourné vers l'Asie n'est pas près de naître. Mais que l'idée soit dans l'air montre combien les

États-Unis sont aujourd'hui coupés en deux. Et combien Trump incarne cette division devenue radicale.

*

Huit ans ont passé depuis la rédaction de ce portrait. Trump a peu réalisé de ce qu'il promettait lors son premier mandat. Mais après son échec à se faire réélire en 2020, il a su trouver la bonne stratégie pour l'emporter : détruire le parti républicain pour s'en faire un affidé absolu et docile, lui permettant d'apparaître non comme un chef de parti, mais comme un *caudillo*, l'homme fort dont le pays a besoin. Malgré l'accumulation d'affaires, il est parvenu à écarter toute procédure d'*impeachement* (destitution) durant son mandat, puis il a traversé une marche du désert de quatre ans semée de procès sans qu'elle le déstabilise.

« Abolir la réforme de l'assurance santé d'Obama, accroître les expulsions d'immigrés, extraire les États-Unis des accords de lutte contre le réchauffement climatique, restaurer la relation avec Vladimir Poutine, abolir les effets de l'accord nucléaire avec l'Iran et soutenir la droite coloniale israélienne figurent parmi ses priorités », écrivions-nous en 2020. Elles le sont restées. On peut y ajouter le démembrement de la fonction publique et quelques ambitions impériales au plan international.

Non, il n'a pas changé… Ou plutôt, le grand changement est qu'il semble bien mieux préparé qu'alors. Rédigé par le think tank (groupe de réflexion) Heritage Foundation, le « Project 2025 », un « plan » pour révolutionner l'Amérique dès sa première année, lui sert de bréviaire. Il promet à la fois aux Américains d'aller de l'avant et de revenir en arrière. Autour de lui, les équipes y ont été (plus ou moins) mieux préparées. Trump apparaît plus audacieux, plus sûr de lui encore. Quant à ses opposants aux États-Unis, ils sont pour le moment tétanisés. D'autant que l'environnement international, lui aussi, a changé – semblant là encore jouer en sa faveur : sa diplomatie « transactionelle » a fait des émules.

Voici la liste des ouvrages cités dans notre portrait de Donald Trump :

Michael D'Antonio, The Truth About Trump *(Thomas Dunne Books, 2015) et* Never Enough ; Donald Trump and the Pursuit of Success *(Thomas Dunne Books, 2016).*

Donald Trump, Trump for President ; Why We Need a Leader, Not a Politician *(Kindle edition, 2016) et, avec Tony Schwartz,* The Art of the Deal *(Ballantine Books, 1987).*

Wayne Barrett, Trump, The Greatest Show on Earth *(Regan Arts, 1991).*

Sylvain Cypel
Journaliste spécialiste des questions internationales. Ancien correspondant du *Monde* à New York.

Donald Trump ne va pas bien

31 octobre 2018[1]

Donald Trump est un pitre. Les exemples de ses singeries se multiplient et le verdict est sans appel. Mais qu'un tel pitre dispose, entre autres, d'un bouton nucléaire qu'il vante être « beaucoup plus grand et plus puissant » (*sic*!) que celui de son confrère nord-coréen – « une personnalité remarquable… un gars marrant… il aime son peuple » (re-*sic*!), « et mon Bouton

1. *Le 1* n° 223, « L'Amérique contre l'Amérique ».

fonctionne » (re-re-*sic* !) – pousse à s'interroger sur sa délicieuse personnalité et sa psychopathologie manifeste.

Tout d'abord, la quasi-totalité de ses collaborateurs présents et passés s'accordent pour décrire comme très courte la durée d'attention dont semble capable le quarante-cinquième président des États-Unis. Troubles neurologiques ? Troubles psychiques ? Avec, en supplément, un brin de sénilité ? Les trois sont possibles et ne sont en rien exclusifs. De même, sa grande difficulté à lire est documentée par plusieurs incidents dont existent des vidéos. Enfin, ses discours, largement improvisés devant des publics acquis à sa cause montrent comment ses capacités cognitives – *non sequitur* après *non sequitur* – implosent régulièrement, donnant lieu à des instants d'inintelligible non-sens. La chose atteint une telle ampleur que Donald Trump semble parfois rien moins que délirer.

Quelles que soient les causalités neuropsychiatriques responsables de ces désordres spécifiques, le spectacle quasi permanent que Trump donne de lui-même avec une profonde jouissance permet, sans risque de se tromper beaucoup, d'entrevoir les fantômes qui le hantent.

Au minimum, Trump est un pervers narcissique. Il l'est gravement et cela signifie que rien d'autre n'importera jamais à Donald que Donald lui-même. Ce n'est pas simplement d'une extraordinaire prétention qu'il s'agit ici, mais plutôt d'une radicale incapacité à concevoir qu'il existe, en ce monde, d'autres sujets que lui-même et le flux constant de ses seuls désirs. Pour Trump, comme pour tout pervers narcissique grave, lui seul existe réellement. Les Autres, les événements, les hasards de l'existence ne lui sont jamais que l'occasion de tenter une nouvelle fois – toujours la même – de se regarder au miroir. Image que, malgré tous ses efforts et sa permanente frénésie, il ne parvient jamais à contempler. Et c'est là toute la différence entre le Narcisse du mythe et le pervers narcissique de notre taxinomie. Le Narcisse mythique voit fort bien son image. Il la voit même tellement bien qu'elle le fascine et que, tentant de s'en rapprocher, il tombe dans l'eau et se noie. Le pervers narcissique, lui, en cherchant furieusement à se rattraper et à s'atteindre enfin, court et court et court sans cesse. Mais ses efforts toujours resteront vains pour une raison simple : il ne se rattrapera jamais parce qu'il n'est *rien* à rattraper. Contrairement au Narcisse mythique, il ne se noiera pas dans sa propre image, car tout son drame est précisément d'être incapable de se représenter la nature même de cette image. Simplement, il mourra un jour, épuisé d'avoir passé son existence à poursuivre son insignifiante version de néant. Ainsi Trump, de revirements incontrôlés en gestuelles clownesques, ne sera jamais autre chose qu'une sorte de hamster s'agitant sans fin dans sa roue, à l'impossible poursuite de sa propre évanescence.

Mais il y a pire… Perpétuellement humilié par ce réel qui toujours se dérobe à la pensée magique de ses exigences et de ses fantasmes, Trump, déjà paranoïde, a toutes les chances de devenir, l'un de ces jours, franchement paranoïaque. Si ce n'est déjà le cas.

Patrick Declerck
Ancien psychanalyste, il a tiré de sa longue expérience au Samu social de Paris un essai ethnographique marquant, *Les naufragés : avec les clochards de Paris* (Plon, 2001). Il est également l'auteur du recueil de nouvelles *Garanti sans moraline* (Gallimard, 2008) et de plusieurs romans dont *Crâne* (*id.*, 2016). Il a publié récemment *Sniper in Arizona* (Buchet-Chastel, 2022).

Fin de règne

« Trump n'a plus qu'un obstacle face à lui, le peuple américain »

28 septembre 2020[1]

Après quatre ans de mandat, quel bilan faites-vous de la présidence de Donald Trump ?

Beaucoup d'experts jugeaient, au moment de son élection, que Trump serait tenu sous contrôle, que ce soit par le Parti républicain, les membres de son équipe, les médias ou la loi. Bref, que le

1. *Le 1* n° 316, « Comment Trump a changé l'Amérique ».

système américain de *checks and* balances [de contrôles et de contrepoids] permettrait de circonvenir son pouvoir. Moi-même, je n'y ai jamais cru, car Trump avait de son côté un atout plus fort encore, à savoir le soutien d'une large part de l'opinion publique, ainsi qu'une indifférence générale à l'égard des règles établies. Un à un, les garde-fous ont sauté, à commencer par le Parti républicain. L'*establishment* du parti ne voulait pas de lui, mais il s'est rangé quasi intégralement derrière sa bannière quand il a compris que l'électorat le suivait. Les « adultes » de son gouvernement ont pendant un temps essayé de le contrôler, d'éviter les décisions les plus folles – le retrait de l'Otan, par exemple –, mais ils ont disparu les uns après les autres, soit qu'ils aient été virés, soit qu'ils aient démissionné. Si bien qu'il dirige désormais un gouvernement à sa botte, avec des soldats fidèles qui obéissent à ses ordres, comme le procureur général [le ministre de la Justice] William Barr. Ce n'est plus le gouvernement du peuple, mais celui de Donald Trump. Les médias se sont bien battus, ont tenté de faire leur travail honnêtement, mais le pays est si divisé aujourd'hui que la moitié de la population ne croit plus aux infos – le scandale ukrainien, le mépris de Trump pour les soldats tombés au combat, tout cela n'a plus aucune importance tant la haine des médias est forte. Et enfin il y a la loi : à l'époque de l'enquête sur l'ingérence russe, qui a abouti au rapport Mueller de 2016, Trump s'est montré si amoral, si méprisant de la loi, qu'il a acté l'idée qu'il ne s'y plierait pas, et qu'il devenait dès lors inattaquable. Aujourd'hui, il n'a plus qu'un obstacle face à lui, c'est le peuple américain. C'est pourquoi le scrutin du 3 novembre prochain est si crucial.

L'échec du système de checks and balances *a-t-il révélé une faiblesse de la démocratie américaine ?*

Les institutions démocratiques de notre pays étaient déjà affaiblies avant Trump. La défiance envers le gouvernement, la justice, les médias était patente.

Trump est arrivé en promettant de mettre fin à la corruption – il a évidemment fait le contraire, ce qui a accru encore une vision cynique de l'action de l'État et la défiance vis-à-vis des institutions. Trump est un symptôme de l'affaiblissement de notre démocratie, mais il a aussi montré avec quelle facilité on pouvait la détruire. La Constitution, si belle et si endurante soit-elle, n'est jamais plus forte que ceux qui s'en servent. Si vous commencez à perdre confiance dans la démocratie, alors elle devient un simple morceau de papier dont les idéaux sont oubliés. Mais nous avons perdu de vue cette évidence, car le pays a connu une profonde stabilité depuis la fin de la guerre de Sécession, il y a un siècle et demi.

Trump est-il responsable de la fracture grandissante entre plusieurs Amériques ?

Non, là encore ces fractures étaient là avant lui. Des facteurs de long terme peuvent les expliquer, à commencer par la mondialisation et ses effets sur la classe ouvrière. La situation n'est pas si différente de celle des Gilets jaunes en France : une population vivant dans des petites villes, éloignée des centres de pouvoir, et qui se sent ignorée, méprisée. Ces gens-là, fermiers, ouvriers, commerçants, se sont longtemps conçus comme la colonne vertébrale du pays. Quand leurs communautés ont commencé à se déliter, le cœur de cette Amérique est tombé malade, en quelques années. Dans le même temps, l'immigration et l'essor d'une Amérique non blanche, bientôt majoritaire, leur a donné le sentiment d'être dépassés, remplacés. Et il est assez facile de manipuler tout cela pour le tirer vers la haine raciale ! En réalité, Trump a sorti l'Amérique de son exceptionnalisme, de cette idée que la démocratie américaine était unique et résiliente. Nous faisons désormais face aux mêmes problèmes que les pays d'Europe ou d'Amérique latine, nous faisons partie du monde. Et Trump, lui, fait bien partie des leaders populistes.

En mai, dans un article de The Atlantic, *vous avez qualifié les États-Unis d'« État en déliquescence ». Pourquoi un mot aussi fort ?*

Je n'utilise pas cette expression au sens littéral, comme cela peut être le cas en Somalie par exemple. Mais l'irruption de la pandémie de Covid-19 a révélé de profondes failles dans la conduite de l'État. Alors que dans tous les autres pays développés l'État assumait une ligne de conduite pour lutter contre le virus, proposait un plan sanitaire – avec plus ou moins de succès et de confiance –, les États-Unis se sont distingués par l'incapacité de leur gouvernement à donner la moindre règle de conduite. Aucune information n'était donnée, rien, comme si tout le monde se moquait des morts qui s'empilaient. Jamais je n'avais vu ça, hormis dans des pays en guerre comme l'Irak ou l'Afghanistan. Et cet échec est directement imputable à Trump. Il n'a pas l'excuse de la mondialisation ou de la démographie pour expliquer la déroute sanitaire du pays. Et jamais il n'a affiché la moindre compassion envers les victimes de cette épidémie.

Le pays a été frappé de plein fouet par le Covid-19, avec plus de deux cent mille morts aujourd'hui. Quel effet a eu la pandémie sur la campagne électorale ?

Cette année 2020 est horrible, pour tout le monde. Mais la seule lumière dans ces ténèbres, c'est que Trump a été si désastreux depuis le début de l'épidémie que celle-ci a offert à Biden une chance de l'emporter. Sans épidémie, Trump allait vers une victoire assurée – l'économie était en bonne santé, le cœur de son électorat le soutenait pleinement, et les républicains modérés ou les indépendants préféraient le voir continuer plutôt que risquer un changement. Mais la débâcle gouvernementale depuis mars, l'impréparation, l'amateurisme et la chute de l'économie ont retiré à Trump le bénéfice du doute dont il pouvait jouir jusqu'alors. Biden va-t-il l'emporter pour autant ? Impossible à dire, l'expérience de 2016 nous a appris à ne pas croire les sondages. Mais il est certain que la pandémie a révélé au grand public américain à quel point Trump était un incapable, doublé d'un égoïste pathologique. Et cela peut faire basculer l'élection.

Contrairement à 2016, Trump avance vers ce scrutin sans aucun programme politique défini. À quoi ressemblerait l'Amérique s'il devait entamer un second mandat ?

Ce second mandat lui servirait à deux choses : s'enrichir un peu plus et s'assurer une succession au sein de sa famille. L'Amérique basculerait alors dans le genre de démocratie illibérale qu'on connaît aujourd'hui en Europe de l'Est, au service d'un homme et d'un clan. Les rues seraient prises d'assaut par des manifestations incessantes, souvent violentes, dans une atmosphère de guerre civile latente. Sans oublier un délitement progressif des services de l'État, de la diplomatie, de la justice, de l'administration publique…

Trump ne veut pas gouverner. Il veut le pouvoir. C'est un scénario de science-fiction, de cauchemar. Mais nous devons commencer à être lucides sur les extrémités dont lui et sa clique sont capables. Nous ne devons pas paniquer, ce serait une erreur, mais nous ne devons pas non plus nous résigner à la surprise et à la désolation.

Les fractures américaines, si larges soient-elles aujourd'hui, peuvent-elles être résorbées dans les années à venir ?

Ce ne sera ni facile ni rapide. Mais la première étape pour que cela arrive, et tant pis si cela va sembler partisan, c'est que le Parti républicain perde largement, et plusieurs élections de suite, pour que ses membres comprennent que le chemin qu'ils ont choisi est le mauvais et qu'il faut renouer avec une autre idée de l'Amérique. Il y a un extrémisme de gauche actuellement, qu'il ne faut pas nier, mais c'est bien l'extrême droite qui déchire le pays. Le parti démocrate a fait sa révolution culturelle après la guerre de Sécession, pendant laquelle il soutenait l'esclavage. Les républicains devront en faire de même demain.

Propos recueillis par Julien Bisson

George Packer
Longtemps contributeur au *New Yorker* avant de rejoindre la rédaction de *The Atlantic*, il a également publié plusieurs essais d'envergure, dont, en 2013, *L'Amérique défaite : portraits intimes d'une nation en crise* (rééd. Points, 2018), couronné du National Book Award la même année.

Un pays en rémission

28 avril 2021[1]

Dites-moi, docteur. Quel est le pronostic ?

L'Amérique a longtemps été un pays de nouveaux départs, et il en est ainsi avec la présidence de Joe Biden. Alors que l'insensibilité, la cruauté et l'incompétence mortelle de Donald Trump commencent à s'effacer des mémoires, la majorité du pays pousse un soupir collectif de soulagement. De grandes choses se produisent à nouveau. Les vaccinations se déroulent à un rythme étonnant. Le Congrès a adopté

1. *Le 1* n° 344, « L'Amérique est-elle guérie ? ».

un immense plan d'aide destiné aux personnes éprouvées économiquement par la pandémie. Après quatre années où la « Semaine de l'infrastructure » n'était rien qu'un slogan risible, l'équipe Biden promeut un plan massif visant à faire entrer nos routes, ponts, aéroports et réseaux électriques décrépits dans le XXIe siècle. Alors, le soleil brille et le pays est baigné d'une lueur dorée ? Pas exactement.

Malgré un indéniable sentiment de confiance, les conditions qui ont conduit à la victoire surprise de Trump en 2016 perdurent. L'Amérique reste divisée comme elle ne l'a jamais été depuis les premiers jours de la guerre de Sécession. Le Sénat est coupé en deux et les démocrates ont une majorité très mince à la Chambre des représentants. Le plan de relance de M. Biden est passé sans une seule voix républicaine. Avec notre système bipartite, la santé à long terme de la république dépend de la capacité des deux partis à faire des compromis. Or le Parti républicain actuel, dominé par l'extrême droite, affiche un dédain inquiétant pour l'idée de démocratie. Après l'insurrection contre le Capitole, plus de la moitié de ses membres à la Chambre ont voté le rejet des résultats d'une élection présidentielle pourtant libre et équitable. Parce qu'ils pensent que leur chemin vers le pouvoir passe par le rétrécissement de l'électorat, les républicains ont proposé dans quarante-sept États des lois qui rendront l'exercice du droit de vote plus difficile.

Les institutions politiques américaines rendent toute réforme significative remarquablement compliquée. Les démocrates ont remporté le vote populaire lors de sept des huit dernières élections nationales, et pourtant George W. Bush et Donald Trump ont tous deux réussi à devenir présidents. Trump a peut-être perdu deux fois le vote populaire, mais il est responsable de la nomination d'un tiers des juges de la Cour suprême pour un mandat à vie. Et ce n'est qu'une petite partie du problème. La Cour suprême, le Sénat et le Collège électoral sont tous tenus par une opposition minoritaire, de sorte que nous souffrons à la fois d'une sclérose politique et d'un manque de moyens pour y remédier. Si les conditions post-électorales avaient été différentes, si les responsables républicains d'États comme la Géorgie et l'Arizona n'avaient eu le courage de s'opposer à la tentative de fraude électorale de Trump, ce dernier aurait peut-être réussi son assaut contre la présidence. Les Américains seraient bien avisés de tirer les leçons de cet épisode et d'ériger des barrières légales pour éviter que cela ne se reproduise. Mais en sommes-nous capables ? J'avais espéré que la tentative de Trump de voler l'élection, combinée à la violence dont il a été l'instigateur le 6 janvier 2021, choquerait tant les politiciens de bonne volonté qu'elle les inciterait à agir au-delà des lignes partisanes. Cela ne s'est pas produit. J'avais espéré un interrègne pendant lequel la réconciliation nationale pourrait avoir lieu. J'attends toujours.

Pour compliquer encore les choses, l'Occident s'est enfoncé dans les catacombes du postmodernisme, où la nature même de la vérité est remise en cause.

Internet fait figure de chaudron bouillonnant d'infos non vérifiées qui alimentent en mensonges les crédules ensuite livrés aux manipulations des dirigeants les plus cyniques. Ajoutez à cela les vifs débats qui traversent le pays sur le sujet toujours sensible de la race ; rappelez-vous qu'il y a plus de 400 millions d'armes à feu aux États-Unis et que les politiciens semblent impuissants à réguler qui peut en posséder malgré la litanie des fusillades de masse ; puis observez notre réponse schizophrénique à ces enjeux. La gauche appelle à abolir la police et à vider les prisons. À droite, de larges contingents d'Américains blancs en colère croient que leur mode de vie est menacé et sont poussés à la violence par une rhétorique incendiaire. À ce point critique de notre histoire, tout élan d'optimisme serait pareil au saut dans la foi de Kierkegaard.

Il fut un temps où je croyais que seul un cas de force majeure pourrait encore unir le pays. Notre attitude face au Covid-19 a éviscéré cet espoir naïf. Si les Martiens devaient envahir l'Amérique, il y a de fortes chances qu'à l'heure actuelle la moitié du pays se rangerait du côté des Martiens – je ne blague qu'à demi. Et pourtant...

L'histoire américaine regorge de délires collectifs. Depuis les procès des sorcières de Salem, au XVIIe siècle, jusqu'à l'épisode de monomanie religieuse du XVIIIe siècle connu sous le nom de Grand Réveil, en passant par l'hystérie anticommuniste des années 1950 ou QAnon aujourd'hui, la démence collective a longtemps trouvé un écho sur ces rivages. Mais la fièvre finit par tomber. La vie est toujours revenue à la normale. Il ne s'agit pas de suggérer que nous devrions nous asseoir et laisser l'entropie faire son œuvre ; dans les années 1940, le fascisme ne s'est pas effondré tout seul. Mais il est réconfortant de se souvenir que la réalité sait toujours se rappeler à vous. La victoire de Biden a fait des merveilles pour baisser le volume du débat. Ses réformes sont très populaires.

Alors dites-moi, docteur, vraiment, quel est le pronostic ? L'Amérique est gravement malade. Cette maladie est actuellement en rémission. Reste à savoir si un remède peut être découvert.

Traduit de l'anglais par Julien Bisson

Seth Greenland
Écrivain, dramaturge et scénariste américain, il est l'auteur de cinq romans, tous traduits en français aux éditions Liana Levi. Parmi eux : *Un patron modèle* (2008), *Et les regrets aussi* (2016), *Mécanique de la chute* (2019) et *Plan américain* (2023).

II

Musk sans Trump

Business-fiction

« Il donne à rêver en ouvrant le spectre des possibles »

16 mai 2022[1]

Qu'on l'adore ou qu'on le redoute, pourquoi Elon Musk fascine-t-il autant ?

Elon Musk réussit à faire briller les yeux de ses contemporains, parce qu'il a l'art de développer un récit, de raconter une histoire, avec des instruments qui sont ceux des jeunes générations, en truffant son parcours de références pop

1. *Le 1* n° 397, « L'avenir selon Elon Musk ».

ou de science-fiction. Il convoque un jeu de références, de *Star Wars* au romancier Iain Banks, capables de séduire des gens qui ne se reconnaissent pas dans Bill Gates, Jeff Bezos, ou même Mark Zuckerberg.

Mais au-delà de l'art du récit, il offre également un projet pour l'humanité, dont on pourra discuter la valeur, certes, mais qui dessine un avenir lointain, quand le reste du monde est comme sidéré par le changement climatique, incapable de voir plus loin. Elon Musk, lui, débouche l'avenir, il développe une vision à long terme, à contretemps de l'agenda médiatique de l'immédiateté et des épées de Damoclès permanentes. Cela lui est reproché, d'ailleurs, car on peut y voir une forme de déni du défi climatique. Et son rapport au temps est assez particulier, puisqu'il promet à courte échéance des succès qui prennent en réalité davantage de temps. Mais, tout de même, il nous parle de la fin du siècle, il offre aux jeunes générations la possibilité de se projeter vers un avenir qui ne serait pas forcément apocalyptique.

En réalité, il donne à rêver, à lever les yeux vers le ciel en ouvrant le spectre des possibles.

Y croit-il lui-même ?

Là où il se différencie d'autres acteurs majeurs, dont Jeff Bezos, c'est qu'il y a une forme de sincérité chez Musk. Quand il affirme qu'il œuvre pour le bien de l'humanité, on n'est pas obligé de le croire, mais lui en est persuadé. Encore faut-il savoir ce qu'il entend par là. La colonisation de Mars, par exemple, n'est-elle rien d'autre qu'un fantasme d'homme blanc et riche ? Quand Musk dit y voir un salut pour l'humanité, c'est d'abord un salut pour une humanité restreinte, à savoir des gens comme lui. Son point de vue est donc extraordinairement biaisé. Mais il n'en est pas moins sincère, il croit vraiment œuvrer pour le bien de l'espèce. Face à la fameuse expression : « Il n'y a pas de planète B », Musk affirme le contraire, et tant pis si ce rêve contribue à la destruction de la Terre.

Y a-t-il une cohérence derrière les différents projets technologiques conduits au fil des ans ?

Il y a une première cohérence, c'est l'inspiration puisée dans la science-fiction. Quand il lance Neuralink, un système d'implants neuronaux, il parle de « dentelle neuronale », une expression qui vient des romans d'Iain Banks. Pour Mars, il parle de terraformation, même si Kim Stanley Robinson, auteur de *Mars la Rouge*[1], a déjà dit que c'était du flan. Donc ses projets sont vraiment inspirés de ces lectures.

L'autre cohérence, plus philosophique celle-là, c'est la croyance solidement ancrée dans la capacité de la technologie à apporter une solution à tous nos problèmes. C'est une forme de scientisme qui va même jusqu'à penser, à l'image de la main invisible du marché, que la science va naturellement créer ses propres règles, et définir seule la meilleure organisation de la société.

1. Kim Stanley Robinson, *Mars la Rouge*, Paris, Presses de la Cité, 1994 [1992].

Faut-il le croire quand il évoque ses grands projets technologiques ?

Quels que soient les projets de Musk, il faut toujours les considérer comme des fusils à deux coups. Le premier coup, c'est le projet futuriste, sur lequel Musk va agréger le grand public en vendant du rêve. C'est, typiquement, le projet martien. Et celui-ci permet de faire vivre médiatiquement mais aussi financièrement l'activité de Musk, parce que l'attrait permet d'attirer des investisseurs. Tant pis si les scientifiques sont vent debout, répètent que c'est impossible ou qu'il n'y arrivera que dans des décennies ! La réfutation même de la possibilité d'un tel projet crée de l'attention, et permet à Musk, pendant ce temps, de faire diversion. Car, tandis qu'on parle de la colonisation de Mars, on ne parle pas de la colonisation de l'orbite terrestre avec le système de satellites Starlink.

En quoi consiste-t-il ?

Avec Starlink, Elon Musk envisage de placer 42 000 satellites en orbite basse autour de la Terre pour fournir une connexion Internet à n'importe quel point du globe, avec un maillage resserré. C'est un projet incroyable, qui permettrait d'éviter qu'Internet soit coupé, soit en raison de catastrophes naturelles, comme sur les îles Tonga après qu'une éruption volcanique avait sectionné les câbles sous-marins, soit en raison de la guerre, comme en Ukraine où Musk a fourni des kits de connexion à Starlink. Sur le papier, c'est donc positif. Mais sommes-nous vraiment à l'aise avec l'idée d'un accès au Web privatisé, dépendant de la volonté d'un seul homme ? Pourquoi n'est-ce pas un projet public mondial ? Sans compter les problèmes de collision en orbite, ou de pollution visuelle pour les astronomes. On peut estimer qu'il y a environ 9 000 satellites en orbite autour de la Terre aujourd'hui, dont 2 000 de Starlink déjà actifs. Avec 42 000 satellites, on changerait complètement d'échelle.

Cela va forcément créer des problèmes. Mais pour Elon Musk, c'est une énorme manne financière, grâce aux abonnements à travers tout le globe. C'est ce dont nous devrions parler, plutôt que d'ergoter sans fin sur Mars.

À son lancement, SpaceX a largement bénéficié de financements publics. Cette alliance entre public et privé est-elle tenable ?

Il y a toujours eu des acteurs privés dans la conquête spatiale américaine. Mais, avec Elon Musk, nous sommes, je crois, dans un scénario à la Frankenstein, où la créature échappe au créateur : Elon Musk a eu besoin de l'argent de la Nasa pour développer SpaceX, mais il s'en est maintenant affranchi, avec un *business* vertical. Pour Starlink, il développe à la fois le lanceur, le satellite et le service proposé. Personne d'autre n'est en mesure de faire cela ! Mais il sait aussi qu'il ne doit pas aller trop loin, et qu'il a besoin de la Nasa pour poursuivre ses autres projets spatiaux.

Quels sont les plus réalistes, à ce stade ?

Ce qui va se concrétiser, c'est le retour sur la Lune, sur lequel la Nasa travaille depuis maintenant plusieurs années, notamment depuis l'impulsion donnée par Trump. Il faut se méfier des comparaisons entre Trump et Musk – je n'arrive pas à le voir comme un soutien de l'*alt-right*. En revanche, c'est un opportuniste, un pragmatique, qui a su placer ses pions au moment de la relance du projet lunaire, qui a accéléré le développement de Starship, le vaisseau de SpaceX, qui joue un rôle primordial dans le programme Artemis, puisque c'est lui qui doit attendre les astronautes en orbite lunaire, avant de leur permettre d'atterrir et de redécoller. On peut imaginer que ce retour sur la Lune se déroule avant la fin de la décennie.

Quid *de Mars ?*

Il faut bien distinguer l'exploration et la colonisation martiennes. Aller sur Mars, on sait le faire, on y envoie des *rovers* depuis longtemps ; il n'y a pas d'impossibilité technique à un tel voyage. Quand on présente une impossibilité à Elon Musk, il demande toujours : « Quel est le principe physique qui m'en empêche ? » Dans le cas du voyage sur Mars, il n'y a pas d'obstacle physique absolu, il s'agit « simplement » de pouvoir mettre en place des missions longues, de plus de deux ans, pour accorder les orbites des deux planètes. Ce sera fait ; reste à savoir à quelle échéance. Faire vivre des gens sur Mars, c'est une autre histoire : il n'y a pas d'air respirable, pas de liquide en surface, mais des rayonnements électromagnétiques destructeurs. Peut-on imaginer que l'humanité vive ainsi, sous cloche ? Ça paraît affreusement déprimant. Mais ce n'est pas forcément impossible à l'avenir. Et tous les projets de Musk sont plus ou moins directement liés à celui-là.

Même Tesla ? Quel est le projet de Musk avec son entreprise automobile ?

Ce qui est frappant, c'est que Tesla, l'entreprise la plus étroitement associée à Musk par le grand public, n'a pas été créée par lui. Cependant, il y a rapidement imprimé sa philosophie, en particulier sa croyance dans la nécessité d'un instrument pour la transition énergétique – énergétique, pas écologique. Musk a simplement anticipé la fin du pétrole en concevant sa voiture électrique. Mais il fait aussi rêver avec un récit autour de la voiture autonome, capable de rouler seule.

Une des fonctions des véhicules déjà commercialisés a même été baptisée « Autopilot », or on est encore loin d'une voiture complètement autonome, et Tesla n'est pas l'entreprise la plus avancée de ce point de vue. La Google Car de Waymo, par exemple, roule déjà sans conducteur dans les rues de Phoenix, dans des conditions d'usage évidemment particulières. Mais Elon Musk continue d'affirmer que la Tesla complètement autonome doit arriver sur le marché dans quelques années, alors même que son « Autopilot » connaît beaucoup de difficultés, avec des accidents mortels aux États-Unis ou en

France, à Paris. Ce sont des problèmes à régler, mais on peut penser que l'automatisation sera à moyen terme une réalité.

Que penser du développement du système Neuralink ?

Je suis beaucoup plus dubitatif. Neuralink est typique du projet technophile de Musk, selon lequel tout peut être guéri ou résolu par la technologie – en l'occurrence, par un implant cérébral minuscule d'une vingtaine de millimètres. Je ne crois pas à la promesse d'un implant ludique qui permettrait de jouer à des jeux vidéo, comme ce singe jouant à *Pong* par la pensée. En revanche, toujours dans l'idée du fusil à deux coups, il développe par ce biais une technologie de miniaturisation des capteurs absolument phénoménale, qui va lui permettre de prendre de grandes parts de marché dans la santé, pour équiper des malades. Musk n'invente pas l'implant cérébral, celui-ci existe depuis longtemps, mais aujourd'hui les dispositifs en question sont généralement lourds et disgracieux.

Musk, lui, propose des solutions plus séduisantes, qui vont lui permettre de devenir inévitable dans un autre champ technologique, parce qu'il a su avancer avant les autres, contre le mépris des autres, et peut-être grâce à leur mépris. On le compare souvent à Tony Stark, le héros de fiction dans le costume d'Iron Man. Moi, je trouve qu'il a un côté Columbo : il fait mine de jouer au crétin pour qu'on ne le prenne pas au sérieux et, pendant ce temps-là, il prend de l'avance, convaincu de la justesse de sa vision, en réunissant autour de lui des scientifiques de très haut vol. Et la mainmise qu'il commence à avoir sur des domaines technologiques clés va être de plus en plus préoccupante, politiquement parlant.

Avec Neuralink, Elon Musk s'engage-t-il dans le transhumanisme, l'homme augmenté ?

Musk alerte depuis longtemps contre le danger que représente pour lui l'intelligence artificielle, et la possibilité de donner aux machines des capacités supérieures à celles des humains. Il décrit volontiers un scénario où les machines viennent nous supplanter, comme dans *Terminator*. Et quand on lui demande s'il y aura un HAL, le robot fou de *2001, l'Odyssée de l'espace*, dans son Starship pour Mars, il répond que d'ici là, HAL sera un toutou par rapport à l'IA que nous aurons conçue. Pourtant, lui-même développe des intelligences artificielles dans tous ses projets, jusque dans son nouveau robot humanoïde. Alors il essaie de résoudre cette contradiction par le biais de Neuralink, avec cette idée assez contre-intuitive que pour lutter contre l'IA, il faut créer une symbiose entre intelligences humaine et artificielle, grâce aux capteurs de neurones implantés dans le cerveau et reliés à des machines. Ce serait une façon, pour lui, de garder le dessus sur l'IA. Mais il n'évoque pas le scénario où la machine prendrait le contrôle !

Donc, oui, il y a du transhumanisme chez lui, mais il prend corps aussi dans son projet martien, cette idée d'une « désinstallation » de l'homme, d'une capacité à s'extraire de sa condition terrestre. Il est proche, là, du cosmisme, ce courant philosophique russe organisé autour de Constantin Tsiolkovski[1] notamment, père de la cosmonautique soviétique et auteur de cette phrase mémorable : « La Terre est le berceau de l'humanité, mais on ne passe pas sa vie entière dans un berceau. » D'autres pontes de la Silicon Valley investissent dans cette direction pour vaincre la mort, pour atteindre l'immortalité et profiter éternellement de leur richesse. Elon Musk, lui, n'est pas là-dedans. Il ne veut pas vaincre la mort, de façon égoïste, il veut vaincre les maladies, toutes les maladies.

Après les avoir si longtemps sous-estimées, est-ce qu'on surestime aujourd'hui les capacités de Musk ?

Je ne crois pas qu'on le surestime. Je pense même qu'il y a toujours pas mal

1. Constantin Édouardovitch Tsiolkovski, 1857-1935.

de mépris envers lui, nourri sans doute par notre manque d'intérêt pour les questions scientifiques. Cela se voit encore avec ses entreprises les moins médiatisées, comme celle des tunneliers. Tout part d'un tweet où, sur le ton de la blague, Musk dit qu'il en a marre des embouteillages à Los Angeles et souhaite creuser un tunnel sous la ville. Et il lance une entreprise, The Boring Company, dont les tunneliers s'avèrent beaucoup plus rapides, et donc beaucoup moins chers, que ceux de la concurrence. Les urbanistes et les écologistes s'étranglent, en disant que ce n'est pas une vision d'avenir, et on continue à le prendre de haut dans ce nouveau secteur, comme on l'a fait il y a vingt ans avec le spatial.

Elon Musk peut-il changer l'avenir de l'humanité entière, ou seulement d'une toute petite partie de celle-ci ?

Les grandes innovations de Musk concernent avant tout une petite élite, et il participe à la structuration en classes de la société de façon bipolaire, entre le *low cost* et le premium. Musk donne des outils à la frange haute de la société pour déployer ses ailes et se séparer encore plus de ce qui est considéré comme la plèbe. Lui-même s'en défend, il met toujours en avant l'aspect grand public de chacune de ses réalisations, en promettant une Tesla familiale par exemple, ou en affirmant que le voyage sur Mars coûtera quelques dizaines de milliers de dollars seulement. Mais c'est un des éléments qui paraît le moins crédible dans son récit. Peut-être que l'esprit peut infuser dans le reste de la société, comme c'est le cas avec la voiture électrique, mais les produits de Musk, hormis peut-être Starlink, restent avant tout destinés à une élite, qui leur reconnaît justement une forme de distinction.

Est-ce que cela signifie que le reste de l'humanité ne l'intéresse pas ?

Avec l'étendue de ses moyens, techniques et financiers, on aimerait le voir en faire plus pour venir en aide à ceux qui sont touchés par la faim, par des catastrophes naturelles, par les effets du changement climatique. S'il veut continuer à susciter toujours plus d'adhésion, il faudrait qu'il se penche sur ces sujets. Mais je pense que ça ne l'intéresse pas. Comme je le disais auparavant, c'est quelqu'un de sincère, qui ne s'investit que dans les projets qui lui tiennent vraiment à cœur. C'est d'ailleurs pour cela qu'ils marchent, parce qu'il les incarne vraiment. Il n'est pas comme Jeff Bezos, qui fait semblant d'être empathique, avec un parfait cynisme. Elon Musk, lui, assume d'être un personnage antipathique. Mais, s'il n'y avait que les personnages sympathiques pour changer le monde, ça se saurait depuis longtemps.

Propos recueillis par Julien Bisson

Olivier Lascar
Ingénieur de formation, il est aujourd'hui rédacteur en chef du pôle digital de *Sciences et Avenir*, après avoir travaillé pour l'émission *E=M6* et le magazine *Science et Vie junior*. Il a publié *Enquête sur Elon Musk, l'homme qui défie la science* (Alisio, 2022).

Le paradoxe muskien

16 mai 2022[1]

Elon Musk alerte régulièrement sur les menaces que peuvent faire porter les prochaines générations d'intelligences artificielles sur nos libertés fondamentales, voire sur la pérennité de l'espèce humaine. On se souvient de la lettre cosignée avec Stephen Hawking, en 2015, qui soulignait ces dangers, mais aussi les opportunités de l'intelligence artificielle bien faite. « Nous devons veiller à ce que l'avènement de l'IA se fasse en symbiose avec l'humanité, car c'est la plus

1. *Le 1* n° 397, « L'avenir selon Elon Musk ».

grande crise existentielle à laquelle nous devons faire face », déclarait-il encore en 2018, jugeant même le péril « plus grave que celui des armes nucléaires ». Sauf qu'Elon Musk développe lui-même ce type de technologies au sein de ses nombreuses aventures entrepreneuriales comme Tesla, SpaceX ou encore Neuralink, et qu'il ne donne guère d'éléments sur la façon d'atteindre le paradigme qu'il défend. On peut y voir une incohérence, pire une hypocrisie. Une sorte de paradoxe muskien.

Rappelons que l'intelligence artificielle est un système fonctionnant sur un ou plusieurs algorithmes qui ont été construits et tournent sur des jeux de données, parfois à caractère personnel. Or, depuis quelques années, les actualités technologiques sont rythmées par les scandales algorithmiques qui se répètent et se ressemblent, laissant peu de place aux récits sur les bénéfices des conceptions innovantes. Une discrimination technologique sur la base du genre, de l'âge ou encore de l'ethnicité, une fuite de données personnelles ou un usage illégal à des fins de manipulation d'opinion est souvent suivi d'une politique du « oups ! » de la part des propriétaires de ces outils. Chaque incident se traduit par des déclarations officielles en forme de « oups », synonymes en réalité d'une demande de pardon désengagée, qui affirme que l'erreur ne se reproduira plus. Mais, faute de stratégie méthodique pour y arriver, et faute de partager avec la sphère publique les causes de l'incident, ce « oups ! » reste vain. D'une certaine manière, l'attitude d'Elon Musk renforce ce comportement et dessine son paradoxe.

Le potentiel acquéreur de Twitter déclare à qui veut l'entendre qu'il souhaite rendre public l'algorithme du réseau à l'oiseau bleu. Comme si la transparence – mais laquelle ? – était l'unique solution, suffisante et nécessaire. Or ceux qui développent ces outils le savent bien, il n'y a pas un mais plusieurs algorithmes, et la publication du code source présente des limites, puisqu'elle ne garantit ni la compréhension du fonctionnement de l'algorithme, ni la détection des biais algorithmiques à l'origine des discriminations technologiques, et encore moins la connaissance des choix arbitraires effectués par les concepteurs. Pour être cohérent, Elon Musk devrait détailler son ambition en précisant clairement les moyens à mettre en œuvre pour y parvenir, tout comme les bonnes pratiques de développement et de test des algorithmes. Et par la même occasion s'exposer à une contestation de ses pairs sur le fond.

Force est de reconnaître qu'appliquer des moyens efficaces et pertinents imposerait à beaucoup d'acteurs – en particulier aux propriétaires de réseaux sociaux, dont pourrait bientôt faire partie Elon Musk – de revoir leur modèle de revenus, aujourd'hui fondé sur une consommation massive et accélérée de leurs contenus. Et les enjeux économiques sont tellement gigantesques que le moindre déplacement raisonnable sur l'échiquier est effrayant pour ces protagonistes au pouvoir pantagruélique. Une chose est sûre : l'intelligence artificielle peut faire de belles choses dans un grand nombre de domaines, mais, pour éviter les menaces, il faut de bonnes régulations, de bons acteurs technologiques aux bonnes pratiques et de bons utilisateurs éclairés, et non éblouis, par les mécanismes de ces technologies. La transparence est fondamentale, mais elle commence par celle des intentions de chacun… Ainsi seulement le paradoxe muskien disparaîtra.

Aurélie Jean
Docteure en sciences et entrepreneuse, spécialiste d'algorithmique et de modélisation numérique, elle a publié *De l'autre côté de la Machine : voyage d'une scientifique au pays des algorithmes* (rééd. Le Livre de poche, 2020) et *Les algorithmes font-ils la loi ?* (L'Observatoire, 2021).

Un personnage de science-fiction ?

16 mai 2022[1]

Il est impossible de comprendre le personnage d'Elon Musk sans voir en lui à la fois le produit et l'initiateur d'imaginaires de science-fiction. S'il fascine, ce n'est pas seulement par les ambitions et projets qu'il aurait réussi à réaliser : c'est aussi parce que son personnage joue avec ces imaginaires et entre en résonance avec eux. Son rapport à la science-fiction s'apparente à celui d'un fan qui en a tiré une large part de ses

1. *Le 1* n° 397, « L'avenir selon Elon Musk ».

représentations du monde et, peut-être surtout, du destin à donner à l'humanité, voire semble souvent tenté de les faire passer dans la réalité…

Nombre d'éléments dans la biographie et les projets d'Elon Musk le font presque ressembler lui-même à un personnage sorti d'une œuvre de science-fiction et de la longue lignée fictionnelle des chefs d'entreprise mégalomanes. La comparaison vient facilement avec Tony Stark, industriel, homme d'affaires fantasque et inventeur génial qui, dans le comics *Iron Man*, les films et autres productions dérivées, devient superhéros grâce à l'armure qu'il a créée et qui lui permet de décupler ses forces, de voler à grande vitesse, d'intégrer des systèmes d'armement, et ainsi d'affronter tous les dangers pour les causes apparemment les plus nobles. Comme un clin d'œil ironique, Elon Musk fait même une courte apparition dans *Iron Man 2* (2010), en serrant rapidement la main du héros dans un restaurant, et certaines scènes du film ont été tournées au siège de sa société SpaceX.

Dans son rapport au monde et sa manière de chercher à le plier à ses désirs, il pourrait être rapproché d'autres figures d'entrepreneurs innovants devenus multimilliardaires et à l'orgueil démesuré, un trope maintenant classique de la science-fiction : Eldon Tyrell dans *Blade Runner* (1982), Peter Weyland dans la série *Alien* (*Prometheus* en 2012 et *Alien: Covenant* en 2017), Nathan Bateman dans *Ex Machina* (2014), etc. En littérature, il fait penser à Manfred Macx, le pourvoyeur en idées high-tech que l'écrivain britannique Charles Stross met en scène dans son roman *Accelerando*[1] et qui, parfois pragmatique et plus souvent idéaliste, les vend ou les donne en fonction des usages qu'elles lui paraissent mériter. De fait, Elon Musk présente presque son *business* comme un acte de philanthropie qui serait destiné à faire le bien de l'humanité.

1. Charles Stross, *Accelerando*, Paris, Piranha, 2015 [2005].

L'entrepreneur semble avoir avancé dans la vie, et de manière très visible dans sa vie professionnelle, comme s'il était en plein dans ce que l'universitaire et critique Istvan Csicsery-Ronay Jr. a appelé une « science-fictionnalité », une manière de penser dans laquelle ce qu'on appréhende du monde prend les aspects d'une œuvre de science-fiction. Elon Musk est le symbole d'une époque où fiction et réalité paraissent souvent s'interpénétrer. Il est comme la figure de proue d'un techno-capitalisme abreuvé de fictions futuristes et prêt à quitter son berceau terrestre pour aller chercher ailleurs d'autres sources d'accumulation de richesses. Ce brouillage contribue aussi à l'aura de l'individu. Avec lui, l'héroïsation fonctionne à plein régime. Ses projets sont une transposition de l'imaginaire qu'il a absorbé. Un peu comme un adolescent qui aurait la possibilité de réaliser ce qui l'a fait rêver : le voyage spatial et la colonisation de Mars. Jusqu'à l'ambition quasi démiurgique d'amener la vie humaine là où elle n'est pas encore. La différence, c'est qu'il a maintenant l'argent pour essayer de concrétiser ses rêves et ses lectures d'adolescent. Les technologies développées par SpaceX, la société qu'il a fondée pour commercialiser des lanceurs spatiaux, ne sont que des étapes vers ce vaste but. Son souhait et son ambition répétés sont de contribuer à « faire des humains une espèce multiplanétaire ». Si l'on suit les principaux arguments, grâce à cette dissémination, la disparition de la Terre ne signifierait pas la fin de l'humanité, laquelle est selon lui vouée à diffuser sa forme de conscience au-delà de sa planète d'origine.

Loin de considérer avec dédain la littérature de SF, Elon Musk en est un lecteur revendiqué, qui affiche ses inspirations. Il cite *Le Guide du voyageur galactique* (*The Hitchhiker's Guide to the Galaxy*, 1979)[1], de Douglas Adams, comme son livre favori lorsqu'il était enfant, au point d'en avoir gardé ce qu'il présente comme une sorte de principe philosophique pour

1. Douglas Adams, *Le guide du voyageur galactique*, feuilleton radiophonique (1978), décliné ensuite en cinq romans.

l'existence : d'abord se concentrer sur les questions – si possible les grandes – plutôt que sur les réponses, et ensuite s'attaquer à ces questions en profondeur. Il dit avoir apprécié la série *Fondation* d'Isaac Asimov (publiée entre 1942 et 1993, et dont un exemplaire a été envoyé en orbite en 2018 dans un cristal de quartz, en même temps qu'un *roadster* de sa marque Tesla), les œuvres de Robert Heinlein, notamment *En terre étrangère* (*Stranger in a Strange Land*, 1961) et, dans un registre tendanciellement libertarien, *Révolte sur la Lune* (*The Moon Is a Harsh Mistress*, 1966).

À bien y regarder, Elon Musk effectue une utilisation sélective des œuvres de science-fiction, et certains emprunts se rapprochent du détournement. Dans ce qui est présenté comme un hommage, les barges autonomes utilisées par SpaceX pour récupérer les éléments de ses fusées ont des noms empruntés aux vaisseaux spatiaux des romans d'Iain M. Banks situés dans l'univers de la Culture. Le fondateur de SpaceX affirmait en juin 2018 sur Twitter : « Si vous voulez savoir, je suis un anarchiste utopique du genre le mieux décrit par Iain Banks[1]. » Iain M. Banks, écrivain écossais mort en 2013, aurait probablement été surpris. La Culture – la vaste civilisation galactique qu'il a imaginée – est certes technologiquement exubérante et anarchisante, mais elle est très loin des orientations libertariennes d'Elon Musk, puisque la propriété et l'accumulation de richesses ont disparu de ce modèle de société foncièrement égalitaire. De surcroît, les intelligences artificielles y jouent un rôle central : elles en sont presque l'infrastructure pensante. Par contraste, Elon Musk affirmait régulièrement que l'intelligence artificielle représente un « risque existentiel » pour l'humanité et, pour cette raison, a même donné des sommes importantes visant à augmenter la sécurité des développements en la matière. C'est le paradoxe d'un homme qui s'inquiétait des avancées de l'intelligence artificielle, mais créait une entreprise, Neuralink, cherchant à interfacer cerveaux et équipements

1. Je traduis.

informatiques. Ce bricolage syncrétique produit une vision du monde qui ne semble tolérer aucun obstacle. C'est une vision dans laquelle l'appropriation peut se faire sans rien demander à qui que ce soit, à la manière de la conquête de l'Ouest américain.

De la science-fiction, il reprend le potentiel d'évasion et d'enchantement, mais délaisse d'autres aspects. Kim Stanley Robinson, l'auteur de la fameuse « trilogie martienne » (*Red Mars*, *Green Mars*, *Blue Mars*), s'est montré plutôt sceptique à l'égard des projections d'Elon Musk (« une sorte de cliché de science-fiction des années 1920 »), qui donnent l'impression que l'effort peut être celui d'une seule personne ou d'une seule entreprise. Le doute est même renforcé si la planète Mars finit par être considérée comme une espèce de canot de sauvetage, une « planète B » où l'humanité pourrait se réfugier. Du point de vue de Kim Stanley Robinson, la science-fiction d'Elon Musk mériterait d'être mise à jour pour intégrer des considérations biologiques et écologiques plus récentes.

Elon Musk et consorts (puisque d'autres milliardaires du secteur des nouvelles technologies, comme Jeff Bezos et Mark Zuckerberg, affichent aussi des emprunts) n'ont pioché que dans une partie du vaste continent que constitue la science-fiction, laissant de côté les anxiétés, voire la dimension critique dont elle est aussi porteuse. Les projets de Neuralink font-ils forcément rêver avec leurs implants cérébraux permettant de communiquer directement par la pensée avec des ordinateurs ? N'importe quel lecteur ou lectrice de littérature *cyberpunk* verra rapidement les risques d'intrusion par des hackers aux intentions douteuses.

La dissolution de la réalité dans la spéculation peut-elle être poussée encore plus loin ? À certains égards, oui, car Elon Musk adhère aussi à l'hypothèse selon laquelle nous vivrions dans l'équivalent d'une simulation informatique. Selon cet argument auquel le philosophe Nick Bostrom a donné un halo de sérieux dépassant le jeu spéculatif, le monde ne serait qu'une construction virtuelle, élaborée pour qu'elle paraisse réelle aux entités qui en sont les hôtes. Elon Musk est d'ailleurs un amateur de jeux vidéo et, logiquement, ses préférés se révèlent être à connotations futuristes. Il a adoré *Cyberpunk 2077*, jeu à l'ambiance sombre et dystopique sorti en 2020, qui n'est pourtant pas loin de représenter le type de société que des idées comme les siennes pourraient produire : une société dérégulée, livrée à l'appétit des multinationales, contribuant à soumettre les corps aux transformations et incorporations technologiques les plus diverses.

Devant tous ces récits produits par et sur le personnage, la circonspection est bienvenue pour éviter de tomber dans la mythification. Les travaux sociologiques ont montré que les innovations ne sortent jamais toutes faites d'un esprit génial, mais résultent de processus collectifs entremêlés, dans lesquels justement les imaginaires jouent un rôle non négligeable. L'influence culturelle de la science-fiction se mesure aussi à sa capacité à acclimater certaines idées, visions ou représentations. Par la récurrence de certaines images, elle contribue à habituer les esprits à certaines possibilités. Par exemple, l'arrivée de robots humanoïdes – comme ceux que la société Tesla a dorénavant dans son portefeuille de produits en développement (le « Tesla Bot », rebaptisé « Optimus » en référence au personnage principal des films de la franchise *Transformers* et annoncé à la commercialisation pour 2026), avec la promesse d'éviter aux humains les activités fastidieuses. Ou encore la logique coloniale appliquée à l'espace et aux autres planètes… Avec ses projets, Musk aura de fait contribué à transformer l'espace autour de la Terre en zone commercialisable. Y compris dans l'orbite terrestre, avec Starlink et sa constellation de satellites de télécommunication, il pourra se vanter d'avoir laissé une trace. Pour le bien de l'humanité, comme il le prétend ? À condition que l'utopie (hyper)technologique ne tourne pas en dystopie. Voilà probablement tout un pan de la science-fiction qu'Elon Musk a encore à explorer…

Yannick Rumpala
Maître de conférences à l'université Côte d'Azur, il est notamment l'auteur de *Cyberpunk's Not Dead : laboratoire d'un futur entre technocapitalisme et post-humanité* (Le Bélial, 2021).

16 mai 2022[1]

[Sidéral]

Elon Musk craint que « la civilisation ne s'écroule » si nous ne faisons pas davantage d'enfants. Donnant l'exemple, il en a eu six avec la romancière Justine Wilson et, tout récemment, deux autres avec la chanteuse Grimes : un garçon en mai 2020 et une fille en décembre 2021. L'homme le plus riche du monde ne pouvant faire les choses comme tout le monde, il a prénommé sa dernière héritière Exa Dark Sideræl. Y voir du snobisme serait ridicule : il s'agit simplement d'une allusion au travail de papa, puisque *Exa* est une machine de calcul ultrapuissante, *sidereal* signifie « sidéral » en anglais et *dark* (« sombre ») évoque les nébuleuses obscures qui apparaissent sur le fond lumineux de la Voie lactée. Dans l'intimité, la fillette est appelée Y, sans doute pour ne pas perdre de temps dans un univers qui doit être régi par la vitesse.

1. *Le 1* n° 397, « L'avenir selon Elon Musk ».

Dix-neuf mois plus tôt, son petit frère (X pour les intimes) avait été joliment prénommé X Æ A-12. L'état civil en Californie n'acceptant pas les chiffres, il a fallu rectifier en X Æ A-XII. Ce qui est un peu dommage, car le sens ne saute plus aux yeux : X renvoyait à la variable inconnue, Æ à intelligence artificielle et A-12 à Archangel-12, précurseur de l'avion supersonique SR-71.

Vivre « semi-séparés » n'a pas empêché Elon et Grimes de donner naissance à Y, grâce à une mère porteuse. Si le couple à demi-réconcilié devait continuer à repeupler la planète, quitte à se serrer la ceinture pour embaucher une nurse supplémentaire, il éviterait sans doute d'appeler un nouvel enfant Z, qui est l'emblème des troupes russes d'occupation en Ukraine. L'alphabet compte heureusement vingt-trois autres lettres, dont M comme *megalomania* ou W comme *whatsoever* (« n'importe quoi »).

Robert Solé

Un homme de réseau

« Avec Twitter, les risques de manipulation sont importants »

16 mai 2022[1]

Comment expliquer le souhait d'Elon Musk d'acheter Twitter, un réseau social, lui dont les activités étaient jusque-là essentiellement industrielles ?

On peut imaginer qu'Elon Musk, comme Google, Apple ou d'autres, veuille se créer une sorte d'écosystème qui contiendrait non seulement ses produits

1. *Le 1* n° 397, « L'avenir selon Elon Musk ».

et projets technologiques, mais aussi un espace de marketing, et donc la possibilité de faciliter la communication avec les éventuels actionnaires, acheteurs, etc. En particulier lorsque l'on vend, autant que des produits finis, des rêves de science-fiction, il s'agit de cultiver son audience, pour lever des fonds, pour trouver des gens enclins à « parier » sur l'innovation technologique.

Il ne faut pas, non plus, négliger l'hypothèse de la démonstration de « force », susceptible de renforcer son crédit auprès d'actionnaires potentiels. En montrant qu'il est « au-dessus » du souci de rentabilité, Musk envoie un message : grâce à son argent, à son succès, il peut tout. Cette confiance en soi est en elle-même un puissant attracteur de crédits. Je ne sais pas laquelle de ces motivations prime, mais, à mon avis, la question de sa motivation est moins importante que celle de savoir ce que ce rachat rendrait possible.

Faut-il le croire quand il dit vouloir promouvoir la liberté d'expression ?

Fétichistes du premier amendement de la Constitution américaine interdisant au législateur d'interférer, pour quelque raison que ce soit, avec la liberté d'expression des citoyens, les libertariens interprètent comme de la « censure » tout type d'interférence avec la liberté d'expression, quelles qu'en soient les conséquences pour l'intérêt public ou pour autrui. La « promesse » d'Elon Musk d'atténuer très fortement la modération des contenus (aussi irréaliste soit-elle) ne doit pourtant pas faire oublier que, dans le même esprit libertarien, Musk se ménagerait, en tant que « propriétaire » de Twitter, le pouvoir exorbitant de modifier à sa guise les conditions générales d'utilisation, ainsi que les algorithmes, c'est-à-dire les « règles » de modulation de la visibilité, de la viralité, de l'audience relative des « paroles publiques » sur le réseau... En prenant le contrôle de Twitter, il s'arrogerait la possibilité de façonner à sa meilleure convenance l'infrastructure de cet espace médiatique.

D'après ses déclarations, Musk souhaite faire de Twitter la plate-forme sur laquelle, où que l'on soit dans le monde, on pourrait jouir d'une pleine liberté d'expression. Mais ces déclarations révèlent une conception incroyablement superficielle du rapport entre liberté d'expression et démocratie. Lorsque la liberté des uns n'est limitée par rien, pas même celle des autres, n'importe quel « influenceur » ou n'importe quel « troll » peut intimider et invisibiliser plus sûrement que la censure les personnes et les opinions des groupes marginalisés.

Pourquoi vouloir racheter Twitter, un réseau qui compte nettement moins d'abonnés que Facebook, TikTok ou Instagram ?

Twitter, c'est le réseau privilégié des politiques et des gens de presse. Le réseau de la *punchline* en 280 caractères est devenu *de facto* un canal incontournable de la participation au débat public. C'est un lieu de mobilisation d'audience-relais tout à fait privilégié – on a vu, avec Donald Trump, à quel point Twitter peut devenir un outil de recrutement de suiveurs très important. En réalité, chaque réseau social a sa propre acoustique, avec ses propres algorithmes qui visent à susciter des types d'engagements très différents. Pouvoir détenir et définir les algorithmes de Twitter, le réseau des cercles d'influence politique, est à cet égard tout à fait stratégique.

Est-il inquiétant que l'homme le plus riche du monde puisse détenir un tel pouvoir ?

Ce serait évidemment problématique. Il est probable que Musk pense sincèrement « faire le bien » en prétendant offrir aux peuples du monde un « espace de liberté d'expression ». Mais, lorsqu'il annonce vouloir « authentifier les êtres humains » utilisateurs de Twitter, si par « authentifier » il entend « lever l'anonymat », alors il promet de mettre gravement en danger tous les dissidents, les militants des droits de l'homme, les opposants à certains régimes dictatoriaux pour qui l'anonymat est une condition de survie.

Il promet en outre de respecter les lois des pays dans lesquels Twitter est accessible, et nous sommes bien aises, en Europe, qu'il veuille respecter notre nouveau Digital Services Act (notamment les obligations en matière de modération). Mais s'il respectait une loi imposant la communication des informations permettant d'identifier et de localiser des opposants politiques au Myanmar, ou bien des militants de la cause féministe en Arabie saoudite, en échange, éventuellement, de débouchés industriels ou commerciaux pour les produits signés Elon Musk, nous trouverions cela nettement moins vertueux.

Quel usage pourrait faire Elon Musk des données glanées grâce à Twitter ?

Il pourrait les utiliser pour entraîner des intelligences artificielles, et donc acquérir un avantage certain dans la course à l'IA, mais il pourrait aussi en profiter pour produire (et vendre) des analyses psychographiques des utilisateurs de Twitter. Les « traces » de nos interactions sur les réseaux – surtout dans la mesure où elles permettent de détecter la probabilité que nous correspondions à des « modèles comportementaux », des profils établis par la détection de corrélations au sein de quantités massives de données – en disent beaucoup plus long que nous ne serions prêts à en dire sur nos opinions politiques, nos croyances religieuses, notre état de santé mental, nos propensions à nous laisser influencer, nos angoisses et, dès lors, sur notre tendance à réagir de telle ou telle manière lorsque nous sommes exposés à tel ou tel type de « signal » (message) ou de « *stimuli* ». Le microciblage du marketing commercial ou électoral se fonde sur ce comportementalisme numérique. Les risques de manipulation sont donc importants.

L'acquisition de Twitter traduit-elle un projet politique chez Musk ?

À ce stade, la réponse relève de la spéculation. Elon Musk vit dans une relative abstraction par rapport au reste du monde. Ce n'est pas du déni, c'est plutôt une ignorance totale des circonstances dans lesquelles vivent une bonne partie des utilisateurs de Twitter. Alors, est-ce un projet politique ? On peut imaginer que Musk a des sympathies plutôt pro-républicaines : il vient de « réhabiliter » Trump sur Twitter et, depuis l'annonce de sa prise de contrôle du réseau social, certaines personnalités politiques plutôt « de droite » extrême ont vu s'envoler le nombre de leurs *followers*... Mais je pense qu'il s'agit pour lui surtout d'un projet anti-institutionnel, libertarien, une sorte de résurgence de l'idéal *cyberpunk* des années 1990, ou d'un monde « virtuel » imperméable à toute norme, à toute autorité du monde physique... À part celle de Musk lui-même, bien entendu.

Qu'espère-t-il gagner dans cet univers ?

Il cherche de l'attention, certainement, comme la plupart des utilisateurs des réseaux sociaux. La démocratisation formelle de l'accès à la parole publique induit un tsunami d'informations. Le problème n'est pas la rareté de l'information, mais son excès. Dès lors, les réseaux sociaux ne fonctionnent pas tant comme des marchés de l'information que comme des marchés de l'attention. L'enjeu n'est pas de trouver de l'information, mais de trouver une audience, c'est-à-dire du crédit, ou de la notoriété. Peu importe ce que l'on raconte sur les réseaux sociaux, que cela soit vrai ou faux, légitime ou pas, sincère ou non, l'enjeu est tout simplement d'accumuler le plus grand nombre possible de « réactions », de « retweets », de manière à gagner en influence, au point si possible d'occuper un « nœud » dans le maillage du réseau. Les personnes qui occupent ces « nœuds » ne sont certainement pas celles que l'on appelle aujourd'hui les « sachants » (avec toute la charge péjorative accompagnant le terme, qui consacre le discrédit de la parole des scientifiques), mais les « puissants » : non seulement l'audience dispense de toute épreuve de véridiction, mais ceux qui ont la possibilité de manipuler les algorithmes de manière à distribuer la « viralité », ceux que la chercheuse McKenzie Wark appelle la « classe vectorialiste », sont véritablement « au-dessus » de tous les autres.

Il s'agit d'une nouvelle classe d'individus qui ne sont pas des politiciens, mais plutôt des industriels, qui détiennent la propriété intellectuelle des algorithmes, et qui dès lors peuvent structurer l'architecture des espaces publics ou des espaces publics-privés de circulation de l'information. C'est *là* que se trouve le pouvoir. Donc ce n'est pas vraiment une question de contenu ni d'« idéologie », si par idéologie on entend l'ambition de « modeler » le monde social pour le rendre conforme à une idée, à une vision du monde. On est plutôt dans un univers sur lequel règne la logistique, l'infrastructure des systèmes, l'architecture des espaces médiatiques. C'est pour cela que je ne parlerai pas d'un projet politique de Musk. En revanche, il pourrait imposer une architecture qui va coder nos usages, et les dynamiques de circulation et de renforcement des « mots d'ordre ». Alors que l'on peut se battre contre les idées, il est très difficile de se battre contre une architecture algorithmique…

Cette potentielle prise de pouvoir de Musk doit-elle encourager une réflexion sur la gouvernance de ces espaces numériques ?

Je pense que nous avons besoin d'un « moment constitutionnel », impliquant les « gros acteurs » du numérique en plus des citoyens et des États. De fait, certaines plates-formes ont aujourd'hui acquis un pouvoir exorbitant de configuration de la vie économique, sociale, civile et politique partout dans le monde. Il y aurait urgence à ce qu'elles s'autolimitent dans un texte de portée mondiale qui les engage dans le temps à l'égard des populations qu'elles affectent. Le Digital Services Act et le Digital Markets Act en Europe représentent un progrès important en matière de gouvernance, mais si les plates-formes pouvaient « constitutionnellement » s'engager dans le cadre d'un texte à respecter et à faire en sorte de promouvoir les droits et libertés fondamentaux, plutôt que de se présenter comme des espaces soustraits au droit par défaut et marginalement contraints par les droits nationaux ou régionaux, ce serait encore mieux. Cela empêcherait par exemple un homme d'affaires à la tête d'un réseau social de portée mondiale d'accéder aux exigences de certains dictateurs en échange de conditions favorables au déploiement de son activité économique et commerciale dans les pays concernés.

Par ailleurs, il nous faut aussi identifier pourquoi nous nous sommes précipités sur les réseaux sociaux, plutôt que de faire vivre les « places publiques » du monde physique, celles-là mêmes sur lesquelles nos paroles nous engagent physiquement. Où parler, c'est contribuer à faire advenir le « commun ».

Propos recueillis par Julien Bisson

Antoinette Rouvroy
Chercheuse au Fonds de la recherche scientifique (FRS) à Namur, en Belgique, rattachée au Centre de recherche en information, droit et société (Crids), elle a consacré de nombreuses recherches à la question de la gouvernementalité algorithmique et aux risques et dérives dont elle est porteuse.

« Un miroir déformant de la réalité »

16 octobre 2024[1]

Où en sommes-nous de la promesse originelle de faire des réseaux sociaux la grande agora publique mondiale ?

L'un des premiers grands réseaux sociaux, Facebook, a été créé pour « rendre le monde plus ouvert et plus connecté ». Mais, très rapidement, ces grandes entreprises ont été confrontées à la question de la rentabilité économique. Une exigence

1. *Le 1* n° 517, « Réseaux sociaux vs Démocratie ? ».

qui n'était pas forcément alignée avec l'idéal de mettre en relation les citoyens. En effet, pour garantir leur rentabilité, ces plates-formes ont placé deux choses au centre de leur modèle économique : la collecte et la revente de données des utilisateurs d'une part, et la publicité ciblée de l'autre. Pour faire cela de manière efficace, il faut parvenir à capter une audience assez large et la retenir sur votre plate-forme, d'où la concentration des grandes plates-formes, qui ont tout fait pour que les utilisateurs ne puissent pas passer d'un réseau à l'autre. Elles se sont ensuite mises à contrôler ce que voient les utilisateurs, en modulant l'information qui y circulait. C'est ce qu'a fait Facebook en inventant le fil d'actualité – qui a été répliqué par la suite par tous les autres réseaux sociaux. Leur pari a été de dire : comme vous avez maintenant des centaines d'« amis », vous n'allez pas pouvoir tout lire, tout écouter ; on va donc vous aider à filtrer les contenus pertinents.

Comment ?

Pour déterminer ce qui arrive dans votre fil d'actualité, les plates-formes considèrent l'ensemble des messages produits par votre environnement social et attribuent à chacun d'entre eux un score qui dépend de leur contenu et des réactions qu'ils ont suscitées. Seuls les messages avec les plus hauts scores parviennent dans votre fil d'actualité. L'enjeu des grandes plates-formes est d'appliquer à leur milliard d'utilisateurs une manière de construire ces scores qui optimisera leurs revenus. Sur Facebook par exemple, jusqu'à 2018, la consigne donnée aux ingénieurs était, semble-t-il, la suivante : trouvez les contenus qui gardent les utilisateurs connectés le plus longtemps possible. Puis Facebook a changé son fusil d'épaule, et a annoncé que seraient désormais privilégiés les contenus qui « ont du sens » aux yeux des utilisateurs. En langage ingénieur, cela s'est réduit à trouver les messages qui créent le plus d'*engagements*, c'est-à-dire de clics, de visionnages, de commentaires, de partages.

C'est là que les choses ont commencé à dérailler. Nous avons tous, de manière plus ou moins prononcée et indépendamment des environnements numériques, tendance à accorder une attention disproportionnée aux informations et aux événements négatifs. C'est ce qu'on appelle *le biais de négativité*. Transposé au monde numérique, cela signifie que vous avez plus de chances de réagir à des messages qui ont un ton négatif, vous agressent, provoquent de l'anxiété ou vous scandalisent. L'algorithme, qui a pour mission de détecter ce qui suscite le plus d'engagements, va apprendre de vos comportements et vous recommander en priorité ce type de contenus toxiques. Nous avons ainsi démontré que sur X/Twitter la proportion de contenus toxiques dans les fils d'actualité est de 50 % supérieure à celle des productions des personnes auxquelles les utilisateurs s'abonnent ! Votre fil d'actualité vous tend en quelque sorte un miroir déformant de la réalité, qui va la rendre plus hostile et plus noire à vos yeux, et vous amener à réagir en conséquence. On voit bien en quoi ce modèle, sur le moyen terme, peut aggraver, voire provoquer une décohésion sociale.

Est-ce intentionnel de la part des dirigeants des entreprises de la tech ?

A priori, il y a surtout des choix d'ingénieurs guidés par le profit. On peut donc leur prêter le bénéfice de la cupidité. Mais ce qui est certain, c'est que les dirigeants des Gafam sont conscients des conséquences délétères de ces choix. En 2018, lorsque Facebook choisit de privilégier l'engagement, l'entreprise part de deux constats : la conflictualité des échanges sur la plate-forme avait augmenté et, dans le même temps, les revenus de Facebook avaient crû. Le changement a donc été validé, en toute conscience.

Huit ans après l'affaire Cambridge Analytica, les réseaux sont-ils soumis à l'influence politique ?

On sait par exemple que, lors des dernières élections européennes, la Russie a diffusé *via* la régie publicitaire de Facebook des publicités politiques ciblées pour favoriser Marine Le Pen, ce qui est strictement interdit en période électorale. Ces publicités ont obtenu 38 millions de vues, et moins de 20 % d'entre elles ont été modérées par Facebook ! Mais le problème le plus pernicieux, selon moi, c'est la façon dont les réseaux sociaux reconfigurent durablement le tissu social numérique. Le biais de négativité évoqué plus haut n'a pas seulement pour conséquence de favoriser les contenus toxiques et la désinformation. Il a aussi pour effet démontré de concentrer le capital social du réseau entre les mains des personnalités les plus toxiques. En effet, plus vos messages sont virulents, plus grande sera votre visibilité du fait du fonctionnement des algorithmes de recommandation. En quelques mois, vous serez un influenceur, capable de toucher des milliers d'utilisateurs. Nous avons pu montrer par la modélisation que dans le top 1 % des comptes les plus influents, l'ordre de grandeur de la surreprésentation des comptes toxiques est de 40 %. À côté de cela, les réseaux sociaux favorisent la création de « chambres d'écho », c'est-à-dire de communautés dans lesquelles les contenus circulent presque en vase clos. Les électeurs de Trump, intoxiqués sur les réseaux par l'idée que l'élection présidentielle de 2020 leur a été « volée », en sont un bon exemple.

Quel impact cela a-t-il sur la polarisation politique ?

C'est particulièrement dangereux, car l'environnement numérique des plates-formes – contrôlé par leurs algorithmes – est le lieu où se forme désormais une partie importante de l'opinion publique. Le moindre biais dans ce processus représente un risque systémique pour la démocratie. Traditionnellement, le débat politique en France est multipolaire, avec quatre ou cinq grands partis, et une grande diversité d'opinions. Mais, sur ces plates-formes, les thèmes bipolarisés et conflictuels ont le vent en poupe : croire ou non à l'urgence climatique, à l'écologie punitive, aux bienfaits ou aux dangers de l'immigration, de la vaccination, etc. Cela force les utilisateurs à prendre parti pour un camp ou pour l'autre. Cet avantage donné au manichéisme est largement exploité par l'extrême droite, qui sait parfaitement manipuler les réseaux sociaux pour imposer ce type de thèmes et attirer à elle des citoyens mécontents du « système » en se présentant comme le défenseur du « camp du peuple ».

Pour eux, les réseaux sociaux permettraient de renouveler le débat démocratique en contrant le discours dominant…

C'est un discours qui effectivement fait partie de la stratégie de l'extrême droite. Steve Bannon, ancien conseiller de Trump, affirme ainsi que l'ennemi, ce ne sont pas les démocrates, mais les médias. Dans leur stratégie de conquête de l'opinion et de renversement des valeurs, le premier défi des partisans de l'extrême droite est bien de détacher les citoyens de leurs sources d'information fiables pour qu'ils se reportent sur des sources d'information orientées. Peut-on contrer ce discours ? C'est d'autant plus difficile que des narratifs sont diffusés en amont pour empêcher toute forme de modération, en alertant contre la censure médiatique. Mais cette stratégie de victimisation est une forme de diversion. Le vrai enjeu est moins de modérer les contenus que de s'assurer qu'ils circulent de façon neutre dans l'espace numérique. Personne n'a sincèrement envie de percevoir la réalité plus noire qu'elle ne l'est vraiment. De même, personne n'a envie que l'orientation politique des messages qu'on lui recommande soit trop éloignée de celle des personnes qu'il suit. C'est pourtant bien ce que l'on mesure sur X/Twitter, avec une distorsion qui dépend de vos opinions politiques ! Il faut donc pouvoir revenir à une perception non biaisée du débat dans ses dimensions critiques, car c'est la seule à même de nous donner la capacité de juger en conscience.

Comment l'intelligence artificielle (IA) va-t-elle bouleverser les réseaux sociaux ?

Les pratiques d'*astroturfing* sont déjà très présentes sur les réseaux : il s'agit de créer des « populations » artificielles de comptes, pilotés soit par des personnes rémunérées, soit par des robots, pour donner l'illusion du soutien d'une foule à une cause. Cela vient percuter frontalement l'idéal d'une agora mondiale, car vous pouvez avoir en face de vous un robot conçu non pas pour débattre avec vous, mais pour vous mener dans un coin précis du débat. Elon Musk a validé cette évolution en changeant la certification des comptes X/Twitter, passant d'une validation sur présentation d'une carte d'identité à un simple paiement par carte bleue, ce qui permet de certifier des milliers de comptes bidon… Avec le développement de l'IA conversationnelle, c'est encore pire. Vous pouvez avoir des comptes pilotés par des équivalents de ChatGPT, assez peu distinguables des humains, et qui, fait nouveau, vont à la rencontre des utilisateurs.

Ils peuvent par exemple faire de la veille média pour commenter de manière orientée certains articles de comptes de médias grand public, voire faire de la désinformation. Ces comptes ne sont pas là pour débattre, mais pour convaincre. Ils ont, en théorie, accès à tout Internet et scrutent votre historique de publications dans son ensemble pour trouver votre corde sensible ! Et si vous-même résistez, qu'importe, puisqu'il suffit de passer au compte suivant, jusqu'à parvenir à convaincre une masse critique de gens suffisamment crédules pour être embarqués dans une autre réalité.

Comment lutter ?

Des solutions simples et peu coûteuses existent. Par exemple, il suffirait de permettre aux utilisateurs des plates-formes de certifier leur citoyenneté grâce à des services tiers tels que FranceConnect pour que chacun puisse distinguer les comptes de concitoyens de ceux pilotés par des robots ou par des agents œuvrant pour le compte de puissances extérieures. Cela peut se faire sans révéler son identité à qui que ce soit et éliminerait d'un coup les interférences étrangères et celles des IA. D'autres solutions existent pour atténuer ou supprimer les travers que l'on vient d'évoquer. Le problème est que les plates-formes n'y ont pas intérêt : si du jour au lendemain, on s'aperçoit que 20 à 30 % de leurs utilisateurs sont en réalité des robots, c'est autant de revenus publicitaires en moins. Et les faux comptes créent de l'engagement ! D'autres médias numériques utilisent ce genre d'artifice. Les sites de rencontre, par exemple, se servent souvent de robots lors de leur lancement pour donner une illusion de popularité. On se heurte, là encore, à la question de la rentabilité économique.

Y a-t-il des réseaux plus vertueux que d'autres ?

Il y a une nouvelle vague de réseaux sociaux, comme Mastodon, issus du monde du logiciel libre et dépourvus de publicité, qui n'exploitent pas vos données personnelles et vous laissent le choix de l'algorithme de recommandation. Surtout, ils s'appuient sur un protocole informatique ouvert qui permet de construire un écosystème de plates-formes sociales interopérables. Aujourd'hui, si vous êtes sur Twitter, vous ne pouvez pas parler avec quelqu'un sur Facebook, et encore moins y faire migrer vos données et votre audience. C'est un problème, car cela signifie que si un jour vous êtes mécontents de la politique de modération qui y est faite, vous ne pouvez pas partir sans perdre l'ensemble de vos contenus et de vos abonnés. Votre capital éditorial et social ne vous appartient pas. Au contraire, sur des systèmes décentralisés comme Mastodon, c'est un peu comme avec un opérateur téléphonique, si vous n'êtes pas content de votre hébergeur, vous pouvez en changer en emportant avec vous votre numéro de téléphone et votre carnet d'adresses. Là est, à mon sens, le futur des réseaux sociaux, car cela signifie non seulement que les citoyens ne sont plus captifs de telle ou telle plate-forme, mais aussi que la liberté d'expression est vraiment assurée dans ces espaces, car votre capacité à en user n'est plus à la merci du bon vouloir du propriétaire de tel ou tel réseau.

Propos recueillis par Lou Héliot
et Julien Bisson

David Chavalarias
Directeur de recherche au CNRS, il dirige l'Institut des systèmes complexes de Paris Île-de-France et a notamment publié *Toxic Data* (Flammarion, 2022), réédité en poche en 2023.

III

Trump-Musk :

LA FUSION ?

Le retour

6 mars 2024[1]

[Tromperie]

Le débat politique aux États-Unis a pris un caractère hystérique. Pourquoi tant de haine ? Qu'on ne compte pas sur moi pour jeter la pierre à un homme accablé de faux reproches. Non à la trumpophobie !

Le seul but de cet homme – il le dit et le répète – est de rendre l'Amérique grande à nouveau. Où est le mal ? Sous son règne, la Maison Blanche a été respectée comme jamais dans le monde. Et le monde a ouvert les yeux : grâce à Donald Trump, nous avons compris que le soi-disant réchauffement climatique a été inventé par les Chinois pour détruire l'industrie américaine.

Trump, c'est moins d'impôts, moins d'immigration, moins de produits importés, moins de dépenses inutiles à l'étranger pour de mauvais alliés. Trump, c'est plus de fermeté, plus de générosité, pour

1. *Le 1* n° 486, « Qui peut arrêter Trump ? ».

purifier Washington de tous les parasites qui l'encombrent et écrasent le peuple.

On s'évertue à vouloir définir le trumpisme. C'est pourtant simple : le trumpisme est ce que Trump croit, selon les circonstances et son humeur du moment. Un leader charismatique n'a besoin ni de programme ni de conseils. Contrairement à cette lopette de Biden, voilà un chef, viril à souhait. Un homme, un vrai. Le trumpisme est un humanisme.

N'en déplaise aux ennemis de l'Amérique, la victoire de Donald en novembre est acquise : *to trump* en bon anglais ne signifie-t-il pas « l'emporter » ? En 2020, on lui a volé sa réélection en bourrant les urnes. Maintenant, on cherche à l'empêcher d'être candidat par les moyens les plus perfides. Des juges communistes le persécutent pour des broutilles. Cet homme est blanc comme neige. Une couleur qu'on ne lui pardonne pas d'incarner.

Robert Solé

« La démocratie américaine n'obéit plus qu'à la peur »

6 mars 2024[1]

Y a-t-il des précédents à un tel retour ?

Il y a eu des tentatives, par exemple celle de Theodore Roosevelt, président de 1901 à 1909, qui échoua en tant que candidat indépendant en 1912. Le seul à avoir réussi fut Grover Cleveland, président de 1885 à 1889, qui revint à la Maison Blanche de 1893 à 1897. L'histoire

1. *Le 1* n° 486, « Qui peut arrêter Trump ? ».

américaine ne laisse pas d'ordinaire de seconde chance aux *losers*. Celui qui se rapproche peut-être le plus de Trump, c'est Richard Nixon, battu par Kennedy en 1960 avant d'être élu huit ans plus tard. À l'instar de Trump, il incarnait la défense d'une Amérique oubliée, se posait comme un homme en lutte contre le système, mais fut plombé par ses affaires judiciaires – même si le Parti républicain, de la même façon qu'il le fait pour Trump aujourd'hui, l'a longtemps soutenu après le Watergate.

Pourquoi les républicains ont-ils échoué à faire émerger une autre candidature ?

En 2016, Trump avait raflé les primaires en étant un *outsider*. Mais après sa victoire, les républicains ont fait le choix du pragmatisme, et leur formation est devenue le parti du président. Ils se sont convertis à son idéologie, comme ils avaient embrassé celle de Reagan dans les années 1980. Dans ce cas-là, il est très difficile de faire émerger des opposants au champion. Et, surtout, Trump s'est efforcé de tuer la concurrence en se comportant en chef de bande quasi mafieux, capable de lancer ses troupes contre les voix dissidentes avec une violence extraordinaire, des raids numériques, des appels au meurtre… Face à ce règne de terreur, peu de républicains ont aujourd'hui le courage de s'opposer à lui. Les anciens caciques du parti, comme Mitt Romney ou Jeb Bush, ont disparu, et Ron DeSantis pourrait être rayé de la carte en Floride. De nombreuses personnalités ont craint de voir leur carrière, leur vie personnelle détruites. Cette violence engagée par Trump et ses troupes – violence des mots, mais aussi menace d'une violence physique concrète, autour de groupes armés tels que les Proud Boys – est le symptôme d'une crise démocratique profonde, dans un pays où il n'y a réellement que deux partis, sans autre véritable choix…

Le Trump de 2024 est-il différent de celui de 2016 ou de 2020 ?

Oui, car désormais il est revanchard, ce qui le met pour la première fois en adéquation avec sa base. Par le passé, il se présentait comme le candidat du ressentiment, alors même qu'il faisait figure d'héritier du système. Aujourd'hui, avec cette élection de 2020 dont il dit qu'elle lui a été volée, ses affaires judiciaires, il se trouve en adéquation parfaite avec le peuple qu'il prétend incarner, et il est donc d'autant plus dangereux. Ses électeurs peuvent s'identifier à ce discours d'injustice et de frustration. Trump est même allé jusqu'à faire des appels du pied aux Afro-Américains en déclarant qu'il était, comme eux, la victime d'un acharnement judiciaire !

Après l'avoir longtemps sous-estimé, n'y a-t-il pas un risque de le surestimer en pensant son élection gagnée d'avance ?

C'est possible. Il faut d'ailleurs se méfier des prophéties autoréalisatrices qui se propagent aux États-Unis, où certains font déjà la liste des contre-pouvoirs qui pourront limiter ses prérogatives. Mais le fait est qu'il y a, dans ce pays, une fatigue de l'opposition à Trump. En 2016, les démocrates étaient vent debout, les femmes défilaient pour défendre l'avortement, il y avait une profonde énergie pour lutter contre Trump.

Aujourd'hui, la lassitude, physique et intellectuelle, paraît s'installer, et avec elle une forme de fatalisme. C'est épuisant de se battre contre une ombre qui semble se renforcer chaque fois qu'on la frappe. Et cette fatigue trouve une forme d'incarnation au sommet de l'État. Les démocrates manquent de l'allant que pourrait leur apporter une alternative forte, comme ce que pouvait représenter la candidature d'Obama en 2008.

L'histoire américaine donne pourtant souvent un avantage aux sortants…

Habituellement, un président qui se représente doit affronter un adversaire qui sort d'une primaire difficile, coûteuse d'un point de vue politique, physique et financier. Parfois, elle peut servir de tremplin, comme pour Obama en 2008, mais c'est assez rare. Là, Trump sort de la primaire avec une image de puissance renforcée. Ensuite, Biden n'a pas su imprimer une marque à sa présidence. Aucun concept fort ne ressort quand on sonde les Américains. C'est la trace, hélas, des présidents à un seul mandat, comme Jimmy Carter ou George Bush père, qui ont coïncidé avec des périodes de transition entre deux époques. Là, on se retrouve dans une situation inédite où aucun des candidats n'incarne l'avenir, ce qui rend cette élection si décevante pour les Américains : il y a un rejet très fort, à plus de 60 %, de ces deux hommes qui n'offrent aucun discours neuf.

Comment expliquer cette fossilisation de la vie politique américaine ?

Elle est en partie due à son personnel politique et à la capacité de ces deux vieillards, dans des styles différents, à écraser la concurrence. Mais c'est aussi plus profondément symbolique de l'affaiblissement de la démocratie américaine. Dans *L'Amérique dans la peau*[1], j'avais montré en quoi le corps des présidents se devait d'être un miroir flatteur pour les électeurs, parce qu'il devait incarner une certaine histoire du pays. Aujourd'hui, les corps mêmes de Trump et de Biden témoignent d'une Amérique en panne de nouveaux récits. C'est ce qu'on retrouve aussi à Hollywood, où l'on ne fait que recycler des films passés sans vraie imagination. Comme si la machine à produire des histoires, qui était le moyen utilisé par les États-Unis pour faire oublier leur absence d'histoire propre, était enrayée. Qui est le seul candidat à avoir émergé dans cette élection ? Robert Kennedy Jr, tout simplement parce qu'il s'appelle Kennedy ! Cette fossilisation ne concerne pas seulement la vie politique, mais les idées. Elle empêche de nouveaux récits d'advenir – car il y en a,

1. Thomas Snégaroff, *L'Amérique dans la peau*, Paris, Armand Colin, 2012.

sur le climat, l'économie, la jeunesse. C'est une période de rouille, un phénomène qui revient d'ailleurs de façon assez cyclique dans le pays, lequel n'a, pour le moment, pas d'autre horizon que ces deux hommes vieillissants.

Biden peut-il tirer profit de son bilan économique ?

Ce sera son principal atout. Mais si le chômage a baissé, le niveau de vie des Américains n'a pas augmenté. Ce n'est pas une période de prospérité comme celle du milieu des années 1990, qui avait sauvé Clinton. En réalité, j'ai encore une incertitude à propos du fait que Biden sera vraiment candidat en novembre. Lui-même avait dit qu'il ne ferait qu'un mandat. La machine démocrate prendra-t-elle le risque d'aller jusqu'au bout avec lui si les sondages sont mauvais ? Obama a laissé entendre que la stratégie actuelle n'était pas la bonne. Et Kamala Harris a affirmé qu'elle était prête à endosser davantage de responsabilités. Ces déclarations très fortes témoignent d'une inquiétude non feinte face à la perspective d'un nouveau mandat Trump, qui ne serait pas aussi amateur que le premier. Jusqu'à leur convention, cet été, les démocrates ont encore la possibilité de remplacer Biden et de sortir un autre candidat du chapeau, lequel pourrait profiter du bilan économique de l'actuel président, mais aussi d'une image plus moderne, plus énergique, et d'une forme de virginité face aux attaques de Trump. Il y a une telle dépolitisation aux États-Unis, comme ailleurs en Occident, que les émotions l'emportent sur les analyses rationnelles. Quand cela se joue à quelques dizaines de milliers de voix, comme c'est le cas dans les États les plus disputés – Michigan, Pennsylvanie... –, ces dimensions n'en sont que plus capitales.

Quelles seront les clés de la campagne ?

La première sera l'argent dont disposera Trump. Avec les centaines de millions de dollars qu'il a été condamné à payer par la justice, il va devoir faire des appels de fonds pour éviter la faillite et prendre sur ses comptes de campagne.

Ensuite, il y a le niveau de participation de l'électorat traditionnel démocrate, en particulier les minorités, les jeunes et les femmes. La question de l'avortement peut jouer un rôle important, bien sûr, mais il ne faut pas oublier qu'en 2016 les femmes blanches avaient majoritairement voté pour Trump... Sans oublier l'inconnue des ingérences étrangères par le biais des outils numériques.

Quid *de la justice ?*

Elle a un rôle énorme, mais pas celui qu'on imagine. La question n'est pas de savoir si Trump sera ou non éligible, mais plutôt s'il fera figure de victime, de bouc émissaire. Comme chez le philosophe Jean Baudrillard, ce n'est pas tant la justice ici qui importe que l'utilisation symbolique qui en sera faite. Sur le fond, Trump considère que la présidence doit lui garantir l'immunité totale, ce qui en dit long sur la pente dictatoriale dans laquelle il s'inscrit.

Bernie Sanders jugeait il y a peu qu'une élection de Trump pourrait marquer la « fin de la démocratie américaine ». Est-ce un constat trop dramatique ?

Non. Si Trump revenait au pouvoir, il le ferait avec un personnel totalement inféodé et une machine à son service pour mettre au pas l'administration, ce qu'il appelle « l'État profond », et éliminer les oppositions. Sanders, bien sûr, dramatise l'enjeu pour mobiliser les troupes démocrates. Mais sa phrase dit quelque chose de l'état de la démocratie américaine : elle n'obéit plus qu'à la peur. Chacun considère que l'arrivée au pouvoir de l'autre signifie la disparition de la démocratie américaine. C'est inédit depuis la guerre de Sécession. Par le passé, il y avait des alternances, des politiques bipartisanes. Aujourd'hui, l'Amérique d'en face est toujours illégitime. Quand le Capitole a été envahi en 2021, les assaillants et leurs soutiens proclamaient qu'on leur avait volé leur pays. Mais, en 2016, beaucoup de démocrates jugeaient aussi que Trump était illégitime parce que Clinton avait gagné le vote populaire ! Et l'on arrive maintenant au bout de cette logique : l'adversaire n'est plus seulement illégitime, mais un ennemi qui va détruire le pays. C'est le ferment d'une guerre civile, qui est déjà dans les esprits aux États-Unis. En 1933, au moment de l'élection de Roosevelt, de nombreux complots avaient vu le jour pour l'assassiner et mettre en place un régime d'extrême droite. On retrouve cette même atmosphère délétère face à une élection d'ores et déjà empoisonnée.

Celle-ci ne pourrait-elle pas purger les conflits entre les deux camps ?

Non, jamais. J'ai souvent parlé de crash test pour la démocratie américaine. En réalité, je crois que c'est une démocratie qui a déjà crashé, et je ne vois pas encore comment elle peut y survivre. Nous avons devant nous une page blanche terrifiante, avec une tentation autoritaire très forte, et quand Trump évoque la « vermine » pour désigner des pans de la société américaine, les relents fascistes sont évidents. En 2000, Al Gore avait reconnu sa défaite face à Bush dans des circonstances très controversées, pour le bien de la démocratie américaine. Aujourd'hui, il y a un retournement des valeurs : plus personne n'est capable d'admettre sa défaite, car la victoire de l'autre est toujours vue comme un pas vers la destruction de l'Amérique.

Propos recueillis par Julien Bisson

Thomas Snégaroff
Enseignant en classes préparatoires et à Sciences Po Paris, il anime la chronique « Histoires d'info » sur France Info. Parmi ses derniers livres : *Israël/Palestine : anatomie d'un conflit* (avec Vincent Lemire, Les Arènes, 2024) et *Dans l'intimité des présidents américains* (Tallandier, 2024).

Le retournement

30 octobre 2024[1]

[No Limit]

Moi, Donald J. Trump, je n'ai plus aucune limite. En public, je me lâche avec une jouissance grandissante, et ça paye sacrément !

Avant chaque meeting, mes abrutis de conseillers sont terrorisés. Ils se demandent ce qui va sortir de ma bouche. Puis, ayant constaté l'enthousiasme de la foule, ils viennent comme des chiens manger dans ma main. L'autre soir, quand je m'extasiais sur la vigueur de l'appareil génital du regretté Arnold Palmer, j'observais les premiers rangs du public : de solides barbus, tout sourire, buvaient mes paroles. Ce n'est pas la négro, cette vice-présidente de merde, qui pourrait leur tenir un langage aussi viril !

Tétanisés, les caciques du parti ne savent plus où ils habitent. Le dernier républicain qui m'a précédé à la Maison Blanche,

1. *Le 1* n° 519, « Peur sur l'Amérique ».

cette lopette de George W. Bush, apparaît désormais comme un gauchiste. Et je n'ai pas fini de montrer jusqu'où je peux aller.

Cette campagne électorale restera dans les annales. On se souviendra comment, dans un débat télévisé, Joe l'endormi s'est effondré face à mon dynamisme. Comment j'ai magnifiquement retourné à mon profit une balle de fusil ayant frôlé mon visage. Comment, pour me soutenir par une loterie, l'entrepreneur le plus génial de la planète a mis chaque jour un million de dollars sur la table…

Le 5 novembre, il n'y en aura que pour moi. De deux choses l'une. Soit les urnes me donnent la victoire, et je redeviens le roi du monde. Soit l'on me décrète battu, et je mets le feu à la maison. Il ne sera même pas nécessaire d'envoyer quelques bons Américains saccager le Capitole. J'ai ma petite idée sur la question, mais ce n'est pas aux lecteurs du *1* que je vais le révéler.

Robert Solé

Le tournant réactionnaire des marques

13 janvier 2025[1]

En 2016, l'élection de Donald Trump avait suscité une cascade de prises de parole de la part de marques américaines : de Dove à Nike, de Diesel à Budweiser, du fondateur d'Airbnb au CEO de Ford, tous cherchaient alors à défendre une certaine vision de l'Amérique – tolérante, ouverte sur le monde, attentive aux discriminations. À cette époque, tous rivalisaient dans l'anti-trumpisme :

1. Texte paru sur *lopinion.fr*, complété et révisé pour cette édition.

films publicitaires lors du Super Bowl, campagnes digitales à coups de hashtags, grands discours à la tribune des sommets économiques mondiaux. Alors que le camp démocrate était sonné par une défaite inattendue, les grandes marques américaines semblaient vouloir mettre leur puissance (économique, financière, symbolique) au service d'une posture politique nouvelle : celle du contre-pouvoir. Il faut se souvenir de la façon dont la marque de shampoing Dove avait explicitement mené l'offensive contre les *alternative facts* (« faits alternatifs »), ou comment une marque comme Diesel avait placardé sur les murs des grandes villes américaines son refus de voir construire un mur à la frontière mexicaine, l'une des grandes promesses de Trump I : « Make Love, not Walls », clamaient-ils, en détournant un célèbre slogan contestataire contre la guerre au Viêt-nam.

Dans ce concert de protestations, une prise de position me revient en tête : c'était en janvier 2017, et Donald Trump, tout juste installé à la Maison Blanche, signait le Muslim Ban, ce décret présidentiel refusant l'entrée sur le sol américain des ressortissants de sept pays à majorité musulmane. Dans un long post Facebook, Mark Zuckerberg exprimait alors fermement son opposition à la politique trumpiste, au nom d'un corpus de valeurs qu'il disait tenir de son histoire personnelle : « Mes arrières grands-parents venaient d'Allemagne, d'Autriche et de Pologne. Les parents de Priscilla [sa femme] sont des réfugiés chinois et vietnamiens […]. Les États-Unis d'Amérique sont une nation d'immigrants, et nous devrions en être fiers[1]. »

Huit ans plus tard, quasiment jour pour jour, ce même Mark Zuckerberg semble avoir effectué un virage idéologique à 180 degrés. Dans une courte vidéo qui fera date, postée le 7 janvier dernier, le fondateur de Facebook a multiplié les signes de conversion au trumpisme, annonçant la volonté de se « débarrasser des

1. <https://www.facebook.com/zuck/posts/my-great-grandparents-came-from-germany-austria-and-poland-priscillas-parents-we/10103460278231481/>, 17 janvier 2017.

fact-checkers », qu'il accuse rétrospectivement de « censure », ainsi que la suppression des restrictions concernant les sujets chers aux ultra-conservateurs – immigration, identité de genre, féminisme. Une section des règles interdisant de qualifier les femmes d'objets ou de propriétés a, par exemple, été supprimée. « Les récentes élections sont un point de bascule culturel vers une nouvelle priorité accordée à la liberté d'expression », justifie-t-il.

Si le cas Zuckerberg est spectaculaire, il est loin d'être le seul : depuis sa réélection, Trump voit tous ceux qui se dressaient contre lui lors de son premier mandat accourir à sa résidence de Mar-a-Lago (Floride) pour lui prêter allégeance. C'est bien sûr le cas, beaucoup commenté, d'Elon Musk, qui est passé en quelques mois de l'image d'un Thomas Edison (entrepreneur visionnaire) à celle d'un Goebbels (propagandiste d'extrême droite). Mais considérons Jeff Bezos, l'emblématique fondateur d'Amazon : lors du premier mandat de Donald Trump, il s'était courageusement opposé à lui sur des contrats de défense. Cette fois-ci, il a financé, et même diffusé en streaming sur sa plate-forme *Prime*, la cérémonie d'ouverture de Trump II. Propriétaire du prestigieux *Washington Post*, il est allé jusqu'à mettre en place une politique de censure des opinions qui n'iraient pas dans la ligne trumpiste, en annonçant que les tribunes publiées dans son journal seraient limitées à la défense des « libertés personnelles » et de l'économie de « marchés libres ».

Ces ralliements ou ces compromissions rappellent un triste précédent : le 20 février 1933, vingt-quatre des plus importants financiers et industriels allemands rencontraient Hitler au palais du président du Reichstag. La scène, glaçante, a été racontée par le romancier Éric Vuillard dans *L'ordre du jour*[1] : « On ne tombe jamais deux fois dans le même abîme, prévenait-il. Mais on tombe toujours de la même manière, dans un mélange de ridicule et d'effroi. »

1. Éric Vuillard, *L'ordre du jour*, Arles, Actes Sud, 2017, prix Goncourt.

En réalité, le phénomène dépasse la seule relation au trumpisme : plus largement, tout se passe comme si le fond de l'air du discours des marques avait radicalement changé. C'est simple : il y a encore quelques années, quiconque se baladait sur les sites corporate et les réseaux sociaux des grandes marques occidentales, tous secteurs confondus, pouvait avoir l'impression qu'elles candidataient au prix Nobel de la paix. Actions environnementales ambitieuses, politiques de diversité et d'inclusion, prises de position sur le féminisme et la tolérance : dans l'écrasante majorité des discours tenus par les marques, la coloration politique était alors incontestablement progressiste. L'erreur a été de considérer que la chose était gravée dans le marbre, comme si le *purpose* et autres raisons d'être appelant à « construire un monde meilleur » ou à « bâtir un monde durable » constituaient la seule façon dont les marques pouvaient s'engager dans la vie de la Cité. L'illusion pour les marques des années 2020 a été la même que celle pour les nations des années 1990 : croire naïvement en *La fin de l'histoire*, pour reprendre le titre de l'essai de Francis Fukuyama[1]. De la même façon que les nations étaient vouées à prospérer dans un monde démocratique et en paix, les marques avaient vocation à irrémédiablement œuvrer pour un monde plus tolérant, plus juste, plus durable. C'est cette sortie d'illusion que nous vivons aujourd'hui.

Venu des États-Unis, le fort mouvement anti-ESG est en train de rendre « controversé » ce qui était hier la norme – à savoir, la mise en place d'actions, de normes et de réglementations pour encadrer les entreprises sur leurs pratiques en matière de responsabilités environnementales, sociales et de gouvernance. Accusées d'être un cheval de Troie du « wokisme » dans l'entreprise, elles sont en passe d'être jetées avec l'eau du bain. Les unes après les autres, les grandes marques annoncent revenir sur les ambitieux objectifs de

1. Francis Fukuyama, *La fin de l'histoire et le dernier homme*, Paris, Flammarion, 1992.

réduction d'émission de CO_2 pris aux lendemains de la COP21 ; même chose pour les politiques DEI (Diversité, Équité et Inclusion), décidées au moment du mouvement Black Lives Matter (2020).

À ce stade, formulons trois hypothèses sur ce tournant réactionnaire des marques. L'hypothèse faible, c'est que les marques répondent fondamentalement à la demande : ce tournant correspondrait en réalité à une adaptation de leur discours à des publics qui se droitiseraient. C'est l'argumentaire du *cultural shift* (« tournant culturel ») adopté par Zuckerberg, mais il se heurte à un certain nombre de travaux de sciences politiques qui contestent cet état de fait. Autre illustration : si Facebook ne faisait que s'adapter à une demande préexistante, comment comprendre que 71 % des Français pourraient se détourner des réseaux Meta, selon un récent sondage Harris Interractive ?

Une autre hypothèse, ce serait la crainte, en tant que grande marque, d'être mise à l'écart du système oligarchique qui est en train de se structurer aux États-Unis. Dans *La grande transformation*[1], l'économiste Karl Polanyi avait pointé le phénomène de « désencastrement » de l'économie, qui avait alors tendance à de plus en plus fonctionner de manière autonome vis-à-vis de la sphère sociale et politique ; tout se passe comme si la victoire de Donald Trump II avait produit un phénomène inverse de « réencastrement » de l'économie dans le politique. Ces dernières années, le caractère politique du discours n'était plus le seul fait de l'État et du champ politique partisan traditionnel : il était de plus en plus tenu par des acteurs économiques et marchands, qui n'ont cessé d'étendre leur zone de discours légitimes (égalité hommes-femmes, environnement, travail, mais aussi immigration, santé et même politique étrangère). La contre-révolution américaine signerait, dans cette hypothèse, le grand retour du politique, actant la prééminence

1. Karl Polyani, *La grande transformation*, Paris, Gallimard, 1983 [1944].

du discours gouvernemental sur tous les autres, et mettant de fait un terme au phénomène d'autonomisation politique du discours des marques. Une illustration de ce « réencastrement » : Google Maps, qui s'est empressée de renommer le golfe du Mexique « golfe d'Amérique », suivant le souhait du souverain Trump.

L'hypothèse forte, c'est que les marques sont à leur tour séduites par une volonté de puissance. Dans un texte publié récemment, et traduit dans *Le grand continent*, Vladislav Surkov, le « mage du Kremlin » dépeint dans le roman de Giuliano da Empoli[1], explique qu'en envahissant l'Ukraine, Vladimir Poutine aurait de nouveau rendu contemporaine la forme impériale, comme si son acte de transgression militaire avait fait sauter un verrou psychologique dans la tête des dirigeants[2].

1. Giuliano da Empoli, *Le mage du Kremlin*, Paris, Gallimard, 2022.
2. Gauillaume Lancereau, « Retranslatio imperii : la tentation impériale après “le deuxième partage de l'Ukraine” selon Vladislav Sourkov », *legrandcontinent.eu*, 5 janvier 2025.

Dans cette optique, il en irait de la Chine ou de l'Iran comme des grandes marques américaines : fini, le respect des règles internationales ; terminé, le souhait de ne pas heurter l'opinion publique mondiale. Ce qui compte, c'est de faire triompher un désir beaucoup plus profond de domination et de puissance. La conversion masculiniste de Zuckerberg pourrait être analysée dans ce sens, tout comme l'arrêt brutal de la plupart des politiques de diversité et d'inclusion des grandes entreprises américaines, qui a pour conséquence de revenir à un schéma plus traditionnel de patriarcat pyramidal.

Quelle que soit l'hypothèse retenue, on l'aura compris : nous sommes entrés dans une nouvelle ère, dans laquelle les marques contribuent à l'accélération réactionnaire qui se déroule sous nos yeux. C'est une rupture fondamentale dans l'histoire (récente) de la politisation des acteurs économiques, qui risque de produire un nombre incalculable d'effets en cascade. Là aussi, nous avons changé de monde ; là encore, nous devons rapidement nous adapter à cette nouvelle configuration. Dans ce contexte, il me semble que les marques européennes ont une opportunité historique de montrer qu'il existe un modèle alternatif de politisation des acteurs économiques. Ce n'est pas la moindre des batailles qu'il faudra mener dans les mois et les années à venir.

Raphaël LLorca
Communicant, auteur, il est codirecteur de l'Observatoire « Marques, imaginaires de consommation et politique » à la Fondation Jean-Jaurès.

Quel nouvel ordre mondial ?

[Causette]

22 janvier 2025[1]

— Bravo, Elon, pour tes tweets incendiaires ! J'ai vu ce que tu avais balancé à propos du recrutement des pompiers de Los Angeles. Accuser le wokisme d'avoir allumé la mèche était génial. Il ne faut pas lâcher ces fils de pute. Continuons à faire feu de tout bois.

— À moi de te féliciter, Donald, pour ton annonce sur le Groenland. Ces petits cons de Danois n'ont rien trouvé à dire, sinon que ce territoire n'est pas à vendre. Comme s'il y avait quelque chose sur terre qui ne serait pas à vendre ! Mais je dois dire que ta sortie sur le Canada m'a étonné.

— Ah bon ? Tu as pourtant mouché cette lopette de Trudeau quand elle a osé protester.

— Oui, bien sûr. Mais je n'ai pas compris pourquoi tu avais parlé d'annexer le

1. *Le 1* n° 529, « Trump à la conquête du monde ? ».

Canada seulement. Et le Mexique, alors ? Imagine un peu la taille du pays que nous dirigerions si cette autre frontière artificielle était effacée ! *America great again*.

— C'est vrai qu'on pourrait faire du Mexique un 52e État. On y mettrait tous les Latinos dont on ne veut pas.

— Même chose, Donald, à propos des canaux. Tu as réclamé Panama. C'est très bien. Mais pourquoi ne pas prendre Suez également ? Imagine un peu : avec ces deux passages stratégiques, nous contrôlerions 15 % du commerce maritime mondial !

— Oui, bien sûr... J'avoue que je n'y avais pas pensé... Mais une chose après l'autre, Elon. Je ne peux pas tout faire à la fois ! Il y a des urgences. Et chaque dossier prend un putain de temps. Rappelle-toi : j'avais promis de régler le conflit ukrainien en vingt-quatre heures. C'était un peu présomptueux. En réalité, je pense que ça va me demander deux ou trois jours au moins.

Robert Solé

« Trump est le plus grand révisionniste de l'ordre mondial »

22 janvier 2025[1]

Dans quelle mesure ce second mandat de Donald Trump s'annonce-t-il différent du premier ?

Il sera différent pour deux raisons. La première, c'est qu'il faut désormais penser Trump dans le couple qu'il forme avec Elon Musk. À côté du pouvoir politique

1. *Le 1* n° 529, « Trump à la conquête du monde ? ».

représenté par Trump, il y a maintenant également le pouvoir technologique.

La seconde, c'est que Donald Trump est aujourd'hui totalement désinhibé. Là où le Trump de 2016 ne connaissait pas vraiment la politique et avait été élu presque par surprise, celui de 2024 veut sa revanche, et il va l'assumer pleinement en faisant tout pour développer la puissance américaine telle qu'il l'entend. À cela s'ajoute le fait qu'il a cette fois remporté une victoire importante et indiscutable. Fort de cette assise populaire, il va devenir le plus grand révisionniste de l'ordre mondial. On disait que Poutine voulait revoir l'ordre européen et Xi Jinping l'ordre asiatique, Trump joue au niveau global, et aussi bien sur les tableaux géopolitiques que commerciaux.

Les objectifs de Donald Trump et d'Elon Musk sont-ils alignés ?

À ce stade, leurs stratégies convergent. Ils ont tous les deux intérêt à supprimer les entraves à leur puissance. Pour Musk, il s'agit des réglementations qui gênent la libre expression, la libre initiative de ses entreprises et leurs innovations technologiques – en particulier l'arsenal normatif européen et les normes environnementales. D'ailleurs, Trump lui a donné un mandat pour simplifier, voire supprimer toutes ces régulations aux États-Unis.

Et pour Trump, il s'agit d'abolir tout ce qu'il perçoit comme des limites à la puissance américaine, que ce soit des entraves juridiques comme la souveraineté des États – dont il se moque visiblement complètement – ou encore des contraintes commerciales. Tous les deux recherchent en somme une liberté de manœuvre absolue.

Peut-on dès lors parler d'un nouvel impérialisme américain ?

Le mot « impérialisme » me paraît faible. Certes, il y a une dimension de conquête dans les récentes déclarations de Trump, qu'il s'agisse de conquérir des territoires ou d'obtenir des privilèges. En cela, il est peut-être l'un des derniers représentants de la doctrine de l'exceptionnalisme américain, qui place les États-Unis au-dessus des lois. Mais je pense qu'il va encore plus loin. Ce que Trump est en train d'inaugurer est absolument nouveau dans les relations internationales, à tel point qu'on n'a pas encore de concept pour nommer son approche. Il y a, dans son discours, quelque chose de totalitaire : le système Trump doit être imposé au monde entier, en particulier à ses alliés ; il y a également quelque chose de transactionnel, parce qu'il est prêt à faire des *deals* avec tout le monde du moment qu'il y trouve un intérêt ; et puis il y a une dimension véritablement révolutionnaire : il ne veut pas seulement conquérir des territoires ou des avantages, mais changer les règles du jeu mondial, remplacer les règles du droit international et du droit des affaires par une sorte de loi du plus fort. Et le plus fort, c'est lui.

Un nouvel ordre du monde marqué par la violence ?

Oui, la violence sous toutes ses formes est un instrument, parmi d'autres, de l'affirmation de la puissance américaine. Violence militaire, violence commerciale… Depuis quelques jours, on entend Trump s'attaquer à ses alliés. Il menace sa propre famille en testant une méthode de chantage : si mes bateaux ne peuvent pas emprunter gratuitement le canal de Panama, j'interviens militairement ; si je n'obtiens pas un droit de forage gratuit, j'annexe le Groenland… Il est facile et peu glorieux d'instaurer un rapport de force avec des alliés terrorisés qui dépendent de vous pour leur économie et leur défense. C'est presque du racket, des pratiques mafieuses. En tout cas, c'est du jamais-vu dans l'histoire des relations transatlantiques.

L'Europe se trouve-t-elle dans le viseur de Trump ?

Trump a plusieurs cibles, notamment la Chine, mais il est certain que l'Union européenne est dans son viseur. Pendant sa campagne, il a d'ailleurs qualifié l'Europe de « mini-Chine ». La raison de son hostilité est purement économique. Les États-Unis ont depuis des années un déficit commercial important vis-à-vis de l'UE – 85 milliards de dollars en 2024 –, ce qui le met en rage. Il est exaspéré par le fait que son pays importe beaucoup de voitures allemandes, tandis que l'Europe n'achète aucune Lincoln ! Il affiche d'ailleurs un antigermanisme assumé inédit depuis la Seconde Guerre mondiale. L'Europe est donc une véritable cible commerciale pour Trump. C'est pour cela qu'il menace d'augmenter drastiquement les droits de douane sur certaines exportations européennes. De plus, il est persuadé que les Européens profitent des Américains pour leur défense, notamment à travers l'Otan, à laquelle ils contribueraient moins. C'est parfaitement faux – les Européens achètent entre 50 et 70 % de leurs armes aux États-Unis, et financent donc une grande partie de l'industrie de défense américaine, et ils payent également pour les bases américaines installées sur leur territoire, lesquelles servent non seulement à la défense commune, mais garantissent aussi les intérêts nationaux américains. Dans sa vision, pourtant, il faut remettre de l'ordre, ce qui consisterait à contraindre les Européens à acheter américain et à contribuer davantage à la défense des États-Unis. C'est vraiment tous pour un, mais pas un pour tous.

L'UE a-t-elle les moyens de riposter ?

C'est peut-être le seul point positif. Rappelons que, dans l'UE, c'est la Commission européenne qui a la main sur le commerce extérieur, car les États membres lui ont délégué cette compétence. C'est aussi un domaine sur lequel elle travaille depuis longtemps. Il y a d'ailleurs un précédent. En 2016, lors de son premier mandat, Trump avait augmenté les droits de douane sur l'acier européen. En riposte, l'Union européenne avait taxé les importations de Harley-Davidson, de jeans Levi's et de Bourbon à plus de 50 %. Cela a fait rire tout le monde à l'époque, mais, symboliquement, c'était important. C'est l'un des moyens à disposition de l'UE : la riposte « en nature », la rétorsion.

Autre possibilité : la négociation. Essayer de voir si l'on peut transiger sur les droits de douane ou sur les normes. Ce qui énerve Trump et Musk, c'est le côté normatif des Européens, de même que les difficultés éprouvées par les Américains pour pénétrer le marché européen. On pourrait donc négocier sur ce point. Pour le moment, d'après les premières déclarations des responsables européens, on est plutôt sur une stratégie d'apaisement. Peu avant les propos de Trump sur le Groenland, Ursula von der Leyen avait assuré les États-Unis que l'Europe leur achèterait plus de gaz de schiste, tandis que Christine Lagarde, patronne de la Banque centrale européenne, a affirmé que l'on importerait davantage d'armements américains, outrepassant complètement son mandat. J'étais sidérée par ces déclarations qui foulent aux pieds les objectifs climatiques et de défense de l'UE.

Les pays membres de l'UE risquent-ils de se diviser encore plus ?

C'est déjà le cas. Alors qu'il était venu soutenir les extrêmes droites britanniques et allemandes, Giorgia Meloni a déclaré sans surprise qu'Elon Musk n'était pas un danger pour la démocratie. À l'opposé, les chefs d'État de France et d'Allemagne, tous les deux très affaiblis, ont fait une déclaration conjointe appelant à respecter la souveraineté des États. Entre les deux, on a plus un silence consensuel qu'une stratégie commune. Les Européens sont dans un état de sidération, paralysés par ce qu'ils entendent, et attendent d'en savoir davantage avant de prendre des décisions.

Y aura-t-il en Europe une volonté de mettre des limites aux différentes agressions de Trump, de défendre l'intégrité, l'autonomie et l'identité de l'UE ? Peut-on ne pas tout accepter, même de la part de son meilleur allié ? C'est la question qui se pose à l'UE pour son avenir. Car, pour Trump, il s'agit de changer une relation transatlantique globalement respectueuse en rapport de dépendance. Il y a une volonté d'obtenir l'allégeance aux intérêts américains.

Comment expliquer la faiblesse des Européens face à cette menace ?

Les raisons sont multiples. Une cause culturelle d'abord : l'Amérique est historiquement notre alliée depuis les deux guerres mondiales. Il est impensable pour la majorité des Européens que ce pays ne soit plus un ami, mais un problème. Les Français sont peut-être les seuls à l'envisager, car il y a dans le pays, depuis de Gaulle, une méfiance à l'égard des États-Unis. Nos autres partenaires, qui ont été sauvés par les Américains des ravages du fascisme et du totalitarisme soviétique, ne peuvent pas un seul instant imaginer que les États-Unis deviennent un ennemi.

La deuxième cause est conjoncturelle. L'opinion européenne aujourd'hui est prise entre deux feux : le feu russe, car il y a une véritable menace sur le plan géopolitique, et le feu américain, à cause de l'imprévisibilité de la politique de cette puissance. L'Europe présente ainsi une double vulnérabilité.

Cette sidération va-t-elle durer ?

On a la chance aujourd'hui d'avoir, depuis le 1er janvier, le Polonais Donald Tusk à la présidence tournante du Conseil de l'UE, et l'ancien Premier ministre portugais António Costa à la tête du Conseil européen. Costa a déclaré que le Conseil européen devait jouer un rôle géopolitique actif. Tandis que Tusk, un démocrate élu en Pologne après une décennie d'extrême droite et qui a lui aussi été président du Conseil européen, avait déclaré à propos de Trump, il y a quelques années : « Avec des amis pareils, on n'a pas besoin d'ennemis. »

Ces deux hommes ont une vision politique de l'Union européenne et portent un regard assez sévère sur Trump qui pourrait contrebalancer l'approche résolument atlantiste d'Ursula von der Leyen. Ils ont convoqué un sommet européen informel en février prochain. Il y sera question de défense, d'Ukraine bien sûr, mais aussi de l'ensemble des vulnérabilités de l'UE aujourd'hui. Face à cette double exigence de sécurité et de prospérité, je pense que l'UE peut s'en sortir, à condition qu'elle devienne autonome, que son avenir ne soit plus conditionné aux lubies ou à la sagesse des différents présidents américains.

Comment cette autonomie peut-elle se déployer ?

Il est important que l'UE travaille dès maintenant à une défense européenne, mais aussi qu'elle s'émancipe sur d'autres questions, par exemple la régulation de l'intelligence artificielle, ou encore les négociations au Moyen-Orient. Elle doit s'assurer un siège à la table. Pourrait-on même imaginer qu'un jour le dollar ne soit plus la monnaie de référence ? L'épisode Trump qui s'ouvre va être très difficile à vivre, mais, paradoxalement, il peut être le dernier élément qui nous force à sauter le pas. Je rappelle aux lecteurs que l'Union européenne est le plus grand marché démocratique de la planète – 450 millions de consommateurs –, la deuxième puissance monétaire, commerciale et économique du monde, la première puissance pour l'aide humanitaire et l'aide au développement dans le monde... C'est aussi un modèle d'intégration sociale et de développement sociétal envié dans le monde entier. Les Européens doivent prendre conscience de leur puissance et travailler à leur indépendance.

Propos recueillis par
Lou Héliot & Claire Alet

Nicole Gnesotto
Vice-présidente de l'Institut Jacques-Delors, elle a été professeure titulaire de la chaire sur l'Union européenne au Conservatoire national des arts et métiers (Cnam). Elle a dernièrement publié *L'Europe : changer ou périr* (Tallandier, 2022).

Conclusion
« L'urgence d'un nouveau chemin »

19 janvier 2025[1]

Le monde a un nouveau parrain. Appuyé sur un pack d'une puissance inouïe, technico-nationalo-conservateur, religieux, masculin, militaire et liant les plus grandes fortunes de la planète, Donald Trump n'avait même pas besoin d'être au pouvoir pour que chacun, déjà, fasse allégeance. Pour le Bien, là le Hamas et le Premier ministre d'Israël

1. *La Tribune dimanche*, 19 janvier 2025.

cèdent enfin – momentanément ? – au plan de paix de Joe Biden ; pour la trouille, là l'Ukraine, l'Europe, le Canada, le Mexique, voire la Chine attendent leur facture.

Ce colonialisme du Nord répond à celui de la Chine et au rêve impérialiste rétro de la Russie et de la Turquie. Ces annexionnismes de voisinage, intensifiés par la période covid où les proximités ont retrouvé de l'importance, sont matérialisés par d'énormes bateaux et des câbles innombrables. Depuis la fin de la guerre froide, on essayait de penser en droit et en géographie de valeurs – démocraties, pays des droits de l'homme, dictatures, totalitarismes… Cette période est bien finie. Le défi, aujourd'hui, est de rester dans la course numérique, portée maintenant par l'IA, en intégrant l'explosion historique du rapport féminin/masculin et la grande guerre climatique, immense combat de la nature contre l'humanité. Il y faut de la force, de la puissance, de la volonté, de l'innovation et de la technologie. Et chacun, au fond, fourbit ses armes. Voire, tragiquement, monte des murs et casse les thermomètres qui pourraient annoncer l'arrivée de « grandes catastrophes »...

Ici, en Europe, faute de stratégie de puissance, nous avons laissé échapper le Royaume-Uni, mais aussi la Turquie et la Russie, qui étaient les territoires voisins logiques d'une expansion impériale faisant jeu égal avec celles des États-Unis et de la Chine. Ici, en Europe, nous parlons féminisme, décroissance, démocratie, protection et réglementations, pardon colonial et résilience. On pense aux pacifistes de 1940. Des valeurs bien fragiles face aux forces déchaînées.

Nous sommes dans un temps de redéfinition des frontières issues de la précédente révolution industrielle – celle des minerais de fer et de charbon puis du pétrole. La période semble propice aux regroupements compacts autour des terres rares. La crise du covid nous a montré les dangers d'une économie mondialisée sans règles de sécurité sanitaires ou militaires. Produire là où l'on vend est plus prudent et permet de garantir l'indépendance des grands empires. Ce, alors que les chemins du commerce changent parce que la fonte de la banquise et la course à l'accaparement des richesses minières nécessaires aux outils technologiques actuels valorisent de nouveaux territoires. Peut-être faut-il penser un peu plus à « notre » Groenland « européen ». Et donc à son voisin : le Canada, séparé de l'Union par la seule mer de Baffin, dans une région où le réchauffement climatique libère des voies de passage et des terres rares aux ressources considérables ! Osera-t-on proposer au Canada un rapprochement avec l'Union européenne ? Avec un modèle de relation calqué sur celui qui nous lie à la Grande-Bretagne ? Voire, carrément, une intégration ? Nous partageons les mêmes valeurs, démocratiques, écologiques, féministes, respectueuses des minorités et des langues... Souvenons-nous du « Vive le Québec libre » du général de Gaulle. Faut-il élargir le propos ? Osera-t-on circonscrire le nationalisme agressif des États-Unis par une contre-attaque fulgurante ?

Dans ce contexte, la crise politique délétère que connaît la France n'est pas exclusivement française. Les bouleversements majeurs que vit notre époque secouent partout la structure du champ politique. Pour passer derrière l'écume noire de l'actualité, il faut aller, je crois, aux racines des révolutions que nous vivons. La première est la prise de pouvoir d'une Nature déchaînée sur l'Humanité, qui affaiblit les capacités du politique et obscurcit l'horizon. La rapidité d'exécution des décisions des grandes entreprises privées devient alors un modèle de gouvernance – et une attente populaire. Sinon, faute d'un futur présentable, nous craignons le présent et rêvons du passé. La seconde rupture est l'implosion du rapport masculin/féminin au profit d'une société d'individus de plus en plus libres de choisir leur destin, voire leur genre. Parallèlement, l'entreprise privée n'est plus au centre des tensions sociales – 90 % des accords y sont signés par tous les syndicats. Là est maintenant le premier lieu de la confiance populaire – avec les élus de proximité.

De ce fait, l'affrontement droite/gauche qui renvoyait à la dialectique capital/travail depuis la révolution industrielle ne fait plus guère sens et ne définit plus clairement des camps politiques. La bifurcation qui entraîne notre monde, comme le dit Pierre Veltz[1], réorganise nos sociétés du fait de ces deux ruptures anthropologiques fondamentales, ruptures qui se télescopent avec la révolution industrielle actuelle et mettent nos structures en ébullition alors même que des groupes politiques peinent à se reconstruire sur ces nouvelles bases.

Partout apparaissent et s'amplifient des forces technico-patriarcalo-nationalo-conservatrices radicales qui tentent de rester dans l'ancien monde, celui de la triple domination qui permit la précédente révolution industrielle : asservissement de la nature, des colonies – ou des immigrés –, et des femmes. Trump est la caricature de ce mouvement phallocrate blanc de plus

1. Pierre Veltz, *Bifurcations*, La Tour-d'Aigues, l'Aube, 2022.

en plus « d'extrême droite », terme qui colore le présent par les résurgences d'un passé tragique dans ses formes et dans ses gestes, jusqu'aux bras qui se lèvent et aux expulsions de masse de populations. Une véritable révolution conservatrice est alors à l'œuvre, appuyée sur les puissances nouvelles de la révolution numérique et leurs fabuleuses richesses. Les pouvoirs de la technologie et de l'argent rejoignent, comme à chaque fois, ce monde des nouveaux maîtres, le financent et s'y déploient.

Face aux bouleversements intimes qui accroissent le primat des individus sur les déterminations de genre et face aux effondrements écologiques, climatiques ou de la biosphère, leurs récits conservateurs attirent et sécurisent, car ils proposent du « déjà-connu » – séduction particulièrement forte dans les milieux populaires, chez les hommes, les citoyens peu diplômés et chez les partisans de droites très réactionnaires, souvent religieuses. Ce phénomène de défense face à des ruptures puissantes est classique. Il porte aujourd'hui d'abord sur les bouleversements des liens entre masculin et féminin en affirmant un virilisme blanc extrêmement dangereux.

La crise que nous vivons n'est pourtant pas en premier lieu celle de ce « déjà-connu » résurgent, mais celle de « l'autre chemin ». Chemin d'un nouveau rapport masculin/féminin et chemin de l'engagement d'une immense guerre climatique dont la pandémie de 2019 a été une escarmouche d'avant-garde. Les acteurs positifs de cette histoire encore à ses débuts viennent d'horizons divers. On peut y retrouver d'anciennes forces de gauche, des centristes et des gaullistes, des féministes, des scientifiques, des industriels, des écologistes, des défenseurs de leurs territoires ou des animaux sauvages, le pape même… Mais leur rassemblement autour des objectifs de la COP 21 et, pour la France, des valeurs de démocratie, de féminisme, de laïcité, de nation et d'Europe devra se faire – sauf à laisser, comme aux États-Unis et ailleurs, le pouvoir aux conservateurs radicaux de plus en plus proches du fascisme des années trente. On a pu en 2017 espérer que c'était la voie qu'ouvrirait Emmanuel Macron. Ce ne fut que marginalement le cas.

La construction en un camp politique cohérent de ce chemin original n'est achevée nulle part. Il faudra du temps. Les gauches ont souvent porté ces bouleversements intimes et écologiques, mais d'une part leurs excès leur ont fait perdre le lien avec les milieux populaires engagés dans des combats de survie de court terme, et d'autre part elles n'ont pas su appréhender la nouvelle confiance de la société dans les entreprises. Aux États-Unis, la bataille pour le droit à l'avortement a été bousculée par l'inflation, situation mal saisie par des démocrates trop éloignés des citoyens modestes. On retrouve le même schéma en France, où les gauches sont devenues le camp des élites urbaines éduquées – voire des « sur-élites » que nous produisons sans leur offrir le destin que leurs difficiles études semblaient leur promettre – avec une tentative de captation communautaire des populations immigrées.

C'est au sein de ce camp politique en émergence que l'impératif d'une culture du compromis s'impose, ce à quoi nous appelions avec Laurent Berger dans *Pour une société du compromis*[1]. Il n'est pas question de compromis avec le camp technico-conservateur radical, mais de compromis « entre nous » pour construire ce nouveau commun de combat démocratique et écologique. De compromis « entre nous » pour mener la grande guerre climatique et pour nous rassembler, par l'attrait de la force et de l'esprit de décision que l'on a abandonnés à nos adversaires depuis la fin de la guerre froide. De compromis dans une Europe puissante et autonome qui a cru depuis 1945 à la paix éternelle.

Bien sûr, le camp conservateur radical a la partie plus facile, car il porte le « déjà-connu ». En face, il faut travailler et voyager, lire, palabrer, renouer avec les intellectuels, les savants et les corps intermédiaires, parcourir les villages et les

1. Laurent Berger et Jean Viard, *Pour une société du compromis*, La Tour-d'Aigues, l'Aube, 2024.

banlieues, les océans et les montagnes… Il faut imaginer la nation postcoloniale et postjacobine, introduire l'entreprise au cœur de la stratégie politique, prévoir la réforme d'un État devenu hypertrophié, rééquilibrer travail et solidarité, libérer une société corsetée par des normes, revaloriser la science, la création et l'effort. Concevoir la possibilité de la guerre, aussi. Il faut penser société en mouvement contre des ruptures historiques majeures et mettre en avant les avancées du grand combat climatique.

Acceptons cette évolution politique comme vitale. Il faut y lutter, et se faire élire, avec d'anciens adversaires. Et il ne faut pas crier au loup chaque matin – même pour une dissolution de l'Assemblée nationale – comme si le monde s'effondrait. L'urgence, c'est un nouvel équilibre masculin/féminin qui nous libère des contraintes du passé et nous donne confiance dans l'avenir. L'urgence, c'est d'accélérer notre engagement dans la grande guerre climatique et de mener le combat contre les technico-conservateurs radicaux sans que notre société ni le monde n'aillent à l'affrontement armé. L'urgence, c'est de se rassembler pour une Europe puissante, industrielle et militaire. L'urgence, c'est une société vivable pour nos enfants, dont une Europe élargie au Canada pourrait être le continent démocratique, écologique et féministe. Nous sommes puissants entre un nationalisme US déchaîné et des totalitarismes ex-communistes. Mais il faut du courage pour mener ces multiples combats dans le contexte de la redoutable contre-révolution culturelle d'extrême droite qui envahit le monde.

Jean Viard
Directeur de recherche au CEVIPOF (Centre de recherches politiques de Sciences Po) et directeur des éditions de l'Aube, est un sociologue original qui mixte des travaux et des interventions sur l'actualité et une réflexion de fond sur notre monde, qu'il mène depuis sa campagne provençale. Il est l'auteur de nombreux ouvrages dont, aux éditions de l'Aube, *L'individu écologique* (2024).

Table des matières

Avant-propos,
Éric Fottorino,
avec Maxence Collin 7

I

Trump sans Musk

Mister President 15
[Brushing],
Robert Solé 16
Le président imprévisible,
Sylvain Cypel 19
Donald Trump ne va pas bien,
Patrick Declerck 47

Fin de règne 53
« Trump n'a plus qu'un obstacle face à lui, le peuple américain », *George Packer* 55
Un pays en rémission, *Seth Greenland* 65

II
Musk sans Trump

Business-fiction 75
« Il donne à rêver en ouvrant le spectre des possibles », *Olivier Lascar* 77
Le paradoxe muskien, *Aurélie Jean* 95
Un personnage de science-fiction ?, *Yannick Rumpala* 101
[Sidéral], *Robert Solé* 114
Un homme de réseau 117
« Avec Twitter, les risques de manipulation sont importants », *Antoinette Rouvroy* 119
« Un miroir déformant de la réalité », *David Chavalarias* 133

III

TRUMP-MUSK : LA FUSION ?

Le retour 149
[Tromperie],
Robert Solé 150
« La démocratie américaine n'obéit plus qu'à la peur »,
Thomas Snégaroff 153

Le retournement 167
[No Limit],
Robert Solé 168
Le tournant réactionnaire des marques,
Raphaël LLorca 171

Quel nouvel ordre mondial ? 183
[Causette],
Robert Solé 184
« Trump est le plus grand révisionniste de l'ordre mondial »,
Nicole Gnesotto 187

Conclusion
« L'urgence d'un nouveau chemin »,
Jean Viard 201

Dans la même collection

Leïla Slimani, *Le diable est dans les détails*
Macron par Macron
Michel Onfray, *La parole au peuple*
Tahar Ben Jelloun, *Un pays sur les nerfs*
Nancy Huston, *Naissance d'une jungle*
Leïla Slimani, *Simone Veil, mon héroïne*, illustrations de Pascal Lemaître
Edgar Morin, *Où est passé le peuple de gauche ?*
Irène Frain, *Une certaine idée du bonheur*
Leïla Slimani, *Comment j'écris*
Erik Orsenna, *Les vérités fragiles*
Collectif, *Philip Roth, l'œil de l'Amérique*
Nicolas Hulot, *Ne plus me mentir*
Collectif, *Karl Marx, regards croisés*
Collectif, *Simone de Beauvoir, les clefs de la liberté*
Robert Solé, *L'envers des mots*
Dany Laferrière, *Vers d'autres rives*
Louis Chevaillier, *La voix du poète. Une anthologie pour comprendre l'actualité*, illustrations de Pascal Lemaître
Collectif, *Romain Gary, le visionnaire*

Régis Debray, *Notre ADN culturel*
Collectif, *De Gaulle, cinquante ans après*
Daniel Cohen, *Contre la solitude sociale*
Éric Fottorino, *La presse est un combat de rue*
Philippe Claudel, *Un monde de fous !*
Adèle Van Reeth, *Vivre et revivre encore*
Arnauld Miguet, *133 jours à Wuhan avec un chien, un chat et la peur au ventre*
Cynthia Fleury, Mona Ozouf, Michelle Perrot, *Liberté, Égalité, Fraternité*
Lola Lafon, *Le loup, l'épée et les étoiles*
Jean Viard, *La France telle que je la connais*
Christophe André, *Quelqu'un a vu le bonheur ?*
Michel Foucher, *Ukraine. Une guerre coloniale en Europe*
Collectif, *Sommes-nous tous des étrangers ?*
Patrick de Saint-Exupéry, *Raconter la guerre*
Robert Badinter, *Justice toujours*

Pour limiter l'empreinte environnementale
de leurs livres, les éditions de l'Aube
font le choix de papiers issus de forêts durablement
gérées et de sources contrôlées.

Achevé d'imprimer en avril 2025
sur les presses de l'imprimerie Firmin Didot
pour le compte des éditions de l'Aube
331, rue Amédée-Giniès, F-84240 La Tour-d'Aigues

Numéro d'édition: 6629
Dépôt légal: avril 2025
Numéro d'impression: 183544

Imprimé en France